리스크학 입문

4

사회생활에서 본 리스크

이마다 다카도시 엮음

야마다 마사히로
사토 마나부
미마 다츠야
야마구치 세츠로
고마츠 다케아키
기카와 도시코 지음

백계문 옮김

한울
아카데미

이 도서의 국립중앙도서관 출판예정도서목록(CIP)은 서지정보유통지원시스템 홈페이지(http://seoji.nl.go.kr)와
국가자료공동목록시스템(http://www.nl.go.kr/kolisnet)에서 이용하실 수 있습니다.
(CIP제어번호: CIP2016023294)

新装増補　リスク学入門　4

社会生活からみたリスク

責任編集　**今田高俊** Takatoshi Imada

岩波書店

RISUKUGAKU NYUMON, expanded edition

Vol.4, SHAKAI SEIKATSU KARA MITA RISUKU

edited by Takatoshi Imada

ⓒ 2013 by Takatoshi Imada,
First edition published 2007, the expanded edition published 2013
by Iwanami Shoten, Publishers, Tokyo.
This Korean language edition published 2016
by HanulMPlus Inc. Paju.
by arrangement with the proprietor c/o Iwanami Shoten, Publishers, Tokyo.

발간에 즈음하여

　근대 산업사회의 과학기술의 발전으로 인류는 풍족함을 얻었다. 그러나 산업사회가 편리하고 쾌적한 생활을 가져온 반면, 동시에 수많은 과학기술이 새로운 위험성을 만들어냈고 불투명성 또한 증대시켰다.

　예를 들면 감염증을 조금이라도 예방하기 위해 수질 개선에 사용되는 약품이 한편으로는 발암의 위험을 만들어내고, 생활에 편리한 플라스틱 용기의 보급이 그 폐기나 사후처리 문제를 초래하기도 한다. 또 식량 사정을 개선하기 위해 개발된 유전자 조작이나 안정된 에너지 공급을 위해 고안된 원자력발전 등은 유사시에 얼마만큼의 피해가 어디까지 미칠 깃인지, 그 리스크를 예측하기가 어렵다. 게다가 이들 리스크는 화재나 교통사고, 범죄 피해, 나아가 실업, 빈곤, 질병, 이혼, 폭력, 왕따, 사생활 침해 같은 기존의 리스크들과 결합하여 문제를 한층 복잡하게 만들고 있다.

　산업사회가 글로벌화하면서 현대사회는 테러행위나 국가 간의 돌발적 분쟁 같은 예측하기 어려운 리스크로 겹겹이 둘러싸이게 되었다. 과학기술의 진보와 더불어 각종 리스크는 점점 더 비대해지고 있으며, 그 피해는 기존의 계급이나 계층 또는 국경의 차이를 뛰어넘어 확산되고 있다. 현대는 '리스크 사회'이다. 이러한 리스크 사회에 대응하기 위해서는 기존의 학문의 틀이 아닌 새로운 학제적學際的 대응이 요구된다고 할 수 있다.

　리스크 사회와 산업사회는 표리表裏관계에 있다. 산업사회가 부富를 증대시켜 생활수준을 향상시키는, 말하자면 빛의 부분에 초점을 맞추고 있는 것에 비해 리스크 사회는 산업화가 가져오는 어둠의 부분, 즉 생활의 불안이나 공포, 불확실성, 통제하기 어려운 미래 등에 초점을 맞추고 있다. 양자의 차이는 리스크 사회가 지닌 반성적·재귀적再歸的 속성에서 찾을 수 있다. 다시 말해, 리스크 사회는 부의 생산과 확대보다 그것이 가져오는 공포나 불안에 대해 응답적應答的이며, 그것들의 원인을 찾고 해소하는 데 민감하다. 따라서 리스크 사회의 관점은 산업화가 가져오는 부작용을 체계적으로 해명하고 평가하는 데 필요한 시각을 제공한다.

리스크 사회의 또 다른 의의는 그것이 21세기의 과제인 지속가능한 사회를 구축하는 데 반드시 필요한 관점을 제공한다는 것이다. 그 관점은 모든 것을 감수하고 성장과 발전을 추구하는 것이 아니라 이미 확보한 풍족함을 잘 활용해 지속적인 행복을 추구하기 위해 리스크에 대한 취약성을 극복하는 것이다. 이를 위해서는 의료나 건강, 금융, 법, 기업과 산업, 소비, 주거, 근로, 여가, 교육, 가정 등 모든 방면에서 리스크에 대한 연구를 행할 필요가 있다.

이 시리즈는 이러한 학계의 동향을 민감하게 파악해, 앞으로의 리스크 연구의 체계화 – 리스크학學의 구축 – 에 대비하기 위한 시도로 기획되었다. 리스크학을 수립하기 위해서는 독자적인 관점, 리스크의 정의, 리스크 분석, 리스크 평가, 리스크 관리 등에 관한 정비가 필요한데, 이를 위해서는 먼저 지금까지 축적된 개별 리스크론들을 정리해야 한다.

그래서 이 시리즈에서는 다음과 같은 구성을 택하기로 했다. 먼저 기존의 리스크론을 토대로 리스크학을 전망한다는 목적을 가지고 리스크 사회의 특질과 그 관리 방향을 제시할 것이다(제1권). 그다음은 각론 편으로(제2~5권), 리스크 연구에 관한 선진 분야이며 축적도 있는 경제와 과학기술 분야를 다루었는데, 우리는 이 분야에서 축적된 것들을 연구의 기본으로 삼았다. 이어서 개인정보의 누출 리스크와 이에 대한 법률상의 보호, 사이버 사회에서의 리스크와 법 등 법률 분야에서의 리스크 대처를 다루는데,

이는 최근 들어 부쩍 사회적 관심이 높아진 분야다. 또한 가족이나 교육 현장, 질병과 의료, 여가와 사교 등 좀 더 폭넓은 사회생활 분야를 다룬다. 각 분야에서는 ① 리스크가 어떻게 정의되고 있고, ② 이제까지 리스크 문제를 놓고 어떤 논쟁이 있었으며, ③ 현 상태에서의 문제점과 앞으로의 과제는 무엇인가 등에 대한 규명을 시도했다. 그리고 이러한 시도를 바탕으로 ④ 리스크 회피 내지 저감화低減化를 위해 무엇을 할 수 있는지에 관한 해결법을 제시했다. 우리는 이러한 사고 과정을 통해 향후 각 학문 분야에서 지금까지와는 다른 접근으로 리스크에 대한 문제 해결방법을 찾아낼 수 있을 것으로 기대한다.

우리는 일본 리스크론자들의 학문적 업적을 이 시리즈에 집결했으며, 이 시리즈가 '리스크학'이라는 새로운 학문의 구축에 하나의 계기가 되기를 희망한다.

2007년 7월 엮은이 일동

증보판 발간에 즈음하여

2011년 3월 11일, 천 년에 한 번 있을 만한 강도 9.0의 대규모 지진이 도호 쿠東北의 산리쿠오키三陸沖를 진원지로 하여 일어났다. 그에 뒤따라 상상을 초월하는 거대 쓰나미가 이와테岩手 현, 미야기宮城 현, 후쿠시마福島 현 연안 을 덮쳐 수많은 주택, 점포, 공공시설이 유실되고 파괴되었다. 이에 더해 후 쿠시마 제1원자력발전소에서 원자로 노심 용융과 수소폭발이 일어나 대량 의 방사능이 대기에 방출되었고 그것이 도호쿠 지방뿐만 아니라 간토關東 지 방까지 날아가 주민들에게 심각한 방사능 오염 피해를 입혔다. 우리는 당시 '리스크 사회'의 현실을 다양하게 목격할 수 있었다. 그리고 전 세계에서 '3·11'과 '후쿠시마'는 동일본 대지진을 상징하는 단어가 되었다.

이 시리즈는 3·11보다 3년여 앞선 2007년 7월부터 11월 사이에 발간되 었다. 당시 우리가 특별히 대지진 가능성을 상정한 것은 아니었다. 단지 글 로벌화와 함께 산업사회가 리스크 사회로 변화하고 있는 현실을 직시해 시 대의 요청으로서 '리스크학'을 제창했고, 분야별로 학술적 체계화를 목표 로 한 선구적 작업을 시도했던 것이다. 그런데 공교롭게도 동일본 대지진 이 일어나 일본 국민뿐 아니라 전 세계 사람들이 지진·쓰나미·원전 사고 의 대규모 복합 재해가 어떤 것인지 보고 느끼게 되었으며 '리스크학'이 얼 마나 중요하고 또 긴박한 것인지를 깨달을 수 있었다. 그리고 리스크 거버 넌스, 리스크 활용능력, 리스크 커뮤니케이션 등 리스크 관리를 향한 노력 에 많이 뒤처져 있는 현실에 대한 위기감을 불러일으켰다.

이러한 문제의식을 가지고 다시 시리즈를 살펴보니 이미 지진 재해, 저선량低線量 피폭 등 3·11 이후의 문제들을 논하고 있었다(제5권). 그 밖에 경제 불황이 가져오는 실업·고용··빈곤 등의 리스크도 다루고 있었고(제2권), 법학적 관점에서 본 인터넷 사회나 안전보장과 관련된 리스크 문제(제3권)나 더욱 심각해지고 있는 사회문제로서의 가족이나 교육 현장에서의 리스크 문제(제4권)도 다루고 있었다. 이것은 넓은 의미에서 재해 리스크에 대한 대응 및 부흥復興 문제와 통하는 테마들이고, 이 시리즈를 재간再刊해야겠다고 생각하게 만든 이유이기도 했다.

시리즈의 재간에서는 단순히 중판 내지 일괄 복간하는 방법도 있었으나 그럴 경우 3·11 이후 사정이 전혀 반영되지 않게 된다. 한편, 전면 개정일 경우에는 작업상, 시간상의 여러 문제가 발생한다. 그래서 우리는 다음과 같은 편집 방침을 세워 '신장新裝 증보판'을 간행하기로 했다.

첫 번째, 제2~5권 권말에 각 책임편집자가 「3·11 이후의 리스크학을 위하여」라는 논고를 덧붙인다.

두 번째, 각권 권말에 게재되어 있던 「관련문헌 해제」에 각 집필자가 구판 발간 이후의 문헌 해제를 한두 개 덧붙인다.

세 번째, 제1권에는 각 권 권말에 덧붙이는 「3·11 이후의 리스크학을 위하여」의 논고를 토대로 전 편집위원이 참여하는 좌담회인 「리스크학의 재정의와 재구축: 3·11에 의거하여」를 덧붙인다.

이상의 방침에 따른 이 시리즈의 재간이 최근의 중요한 과제에 대한 대응 및 3·11을 매개로 한 리스크학의 새로운 전개에 기여하는 작업이 되기를 기대한다.

2013년 3월 엮은이 일동

차례

리스크 사회에 대한 관점

이마다 다카도시今田高俊

산업 활동은 인류에게 부와 행복을 가져다주는 데 그치지 않고 생활기반을 파괴하는 각종 리스크를 산출한다. 울리히 벡Ulrich Beck은 1986년에 출간한 『위험사회(Risikogesellschaft)』에서 산업사회는 사람들의 삶을 풍요롭게 만들었으나 동시에 갖가지 리스크를 생산하고, 이 리스크를 사람들에게 분배해 사람의 생명과 사회관계를 손상시킨다고 주장했으며 오늘날 우리는 바로 이 같은 사회에 살게 되었다고 경고했다. 그는 근대사회가 고도화하는 현상에 따라 리스크 사회의 도래는 필연적이며 이는 풍요로운 사회를 실현하기 위한 모든 활동 그 자체에 의해 초래된다고 말했다. 『위험사회』는 구소련의 체르노빌 원전 사고 직후에 간행되어 많은 사람의 관심을 불러일으켰으며 사회적 리스크 연구의 분위기를 고조하는 데 큰 역할을 했다. 그리고 오늘날 우리는 근대를 반성하고 리스크에 응답하는 사회를 모색해야 하는 시대에 놓여 있다.

1. 리스크와 함께 살아가기

'리스크'는 근대사회에 들어와 부각된 개념으로, 이것은 인간이 불확실한 미래에 마음을 열기 시작한 일과 결부된다(Giddens, 1991). 리스크 사회란 단순히 많은 리스크가 존재하고 늘어나는 사회가 아니라 사람들이 리스크에 민감하게 반응하는 사회를 말한다.

사람들이 리스크에 민감하게 반응하는 주된 이유로 다음 두 가지를 지적할 수 있다. 첫째, 과학기술이 발전하면서 인간 수명이 연장되고 물질적인 번영을 누릴 수 있게 되었지만 바로 그 기술로 인해 인간의 생활과 생명이 이전에는 존재하지 않았던 많은 위험에 노출되었기 때문이다. 식품첨가물과 의약품 부작용 같은 건강 리스크, 화재·폭발과 수송기관 사고 같은 도시 재해 리스크, 대기·토양 오염 같은 환경 리스크, 유전자 조작기술 도입에 따른 생물학적 리스크 등 각종 리스크가 우리 생활에 충만해졌다.

둘째, 사람들이 높은 생활수준을 유지하기 위해 리스크를 염두에 두고 일상생활을 영위하기 때문이다. 건강 리스크 감소를 위해 인간 도크physical checkup에 들어가기, 지역사회와 현금자동입출금기에 방범 카메라 설치하기, 주거 안전 확보를 위해 보안 시스템 도입하기와 같은 리스크 감시 활동은 일상생활에 필수가 되었다.

전자는 생활수준을 높이기 위한 활동 자체가 생활을 위협하는 리스크를 생산한다는 것을, 후자는 사람들이 생활수준을 높은 상태로 유지하는 것에 아주 예민해졌음을 뜻한다. 이 같은 현상은, 사람들이 자신의 생활수준을 높이기 위해서는 리스크를 대면하고 대처해야 한다는 것을 이전보다 더욱 뚜렷하게 의식한다는 사실을 나타낸다.

리스크 사회와 관련해 또 하나 지적할 점은 리스크 완충지대가 계속해서 사라지고 있다는 사실이다. 근대화에 따라 개인화個人化는 가속해서 진행되었고, 그 결과 각종 리스크가 공동체나 집단을 뛰어넘어 개인에게 직접적으로 분배되는 경향이 강화되었다(Beck, 1986: 제3장). 즉, 리스크를 완화하는 완충지대가 사라지고 리스크가 개인에게 전가되는 정도가 강화되었다. 선진사회의 개인은 종래의 계급사회를 뛰어넘는 새로운 관계 속에 살고 있다. 제2차 세계대전 이후에 진행된 경제 발전은 사람들의 수입을 증가시키고 교육수준을 향상시켰다. 이는 사회적 이동social mobility을 가능하게 했으며 사람들이 제반 권리의 증대를 누릴 수 있도록 했다. 그 결과 일상생활에서 계급적인 특징, 계급과의 연결성이 약화 또는 소멸되었다. 다시 말해 대중민주주의와 복지제도가 개인화를 강화하는 촉매로 기능했으며, 이는 각종 리스크를 개인에게 직접적으로 분배하는 결과를 초래했다.

전형적인 예가 실업이다. 오늘날 실업은 사적인 일, 개인의 실패로 간주된다. 실업은 불리한 조건을 가진 사람들, 이를테면 아이가 있는 일하는 여성, 저低교육층, 병자, 외국인 같은 사람들을 덮친다. 이들 다수는 실업 통계에도 집계되지 않는다. 이것은 분명 사회문제이자 리스크다. 하지만 '리스크는 자기책임'이라는 그럴싸한 명목으로 개인에게 전가되고 있다.

이상과 같이 근대화의 진보에 따라 사람들은 리스크를 아주 민감하게 느끼게 되었다. 게다가 근대화와 개인화의 독특한 관계 양상 때문에 개인이 각종 리스크에 자기 재량껏 대처해야만 하는 상황이 강화되고 있다.

2. 생활의 질과 리스크

일반적으로 사람들은 리스크를 부정적인 요인으로 간주하고 불확실성, 불안, 통제력 상실, 불쾌, 두려움 등의 이미지와 결부한다. 바로 이 같은 의식에서 리스크를 기피해야 할, 가능하면 회피해야 할 무엇으로 생각하는 경향이 나타났다. 리스크에는 부정적인 측면만 있는 것이 아니다. 문제에 과감히 도전하고 자기를 실현함으로써 성공을 달성하는, 적극적이고 긍정적인 측면도 있다. 이는 인생 성공담과 비즈니스와 관련해 언급되는데, 종래의 산업사회에서 다뤘던 리스크에 대한 도전과 질적으로 다르지 않다.

리스크란 사람이 무엇인가를 행한 경우 그 행위에 수반해(또는 불이행에 수반해) 장차 손해damage를 입을 가능성을 말한다. 예상치 못한 사고와 지진·풍수해·폭풍 등의 자연현상에 의해 일어나는 자연재해natural disaster처럼 인간이 통제할 수 없는 손해는 위험danger이라고 불리는 데 반해 리스크는 인간의 의사 결정(인위적인 기투企投)으로 인해 귀결되는 손해를 의미한다.

본인이 의사 결정에 참여하지는 않았지만 결과적으로 손해를 입은 경우라고 해도 사전에 예방 조치를 할 수 있었는데 노력을 하지 않아 손해가 났다면 이는 인위에 의한 것으로 간주된다. 따라서 지진이나 풍수해 같은 자연재해는 일종의 천재天災로 리스크 개념에서 제외된다. 하지만 사태의 발생이 예견되었음에도 효과적인 대처를 하지 않아서 입은 손해는 리스크에 포함된다(천재는 인재人災). 위기crisis는 위험이 현실적으로 발생할 것이 확실하거나 발생한 경우를 가리키며 사람의 생명이나 조직의 존립 기반에 부정적인 영향을 줄 우려가 있는 사태를 뜻한다.

종래의 리스크는 대개 공학과 자연과학 분야에서 리스크를 평가하는 측면으로 다뤄졌다. 리스크는 재해와 안전성의 과학, 원자력공학, 공중위생학 분야에서 사고율을 계산하고 허용치나 한계치를 설정할 때 사용되던 개념이자 용어였다. 최근에는 경제학과 경영공학 분야에서 자주 쓰이는데, 리스크 분산을 위한 포트폴리오 이론에서 볼 수 있듯이 리스크를 최소한으로 억제해 투자효율(수익)을 높이기 위한 기법으로 사용된다.

사회생활이라는 관점에서 리스크를 문제시할 경우 리스크 계산과 시장효율 추구를 넘어서 가장 중요한 것은 사람들이 다양한 삶의 영역 중에 어떤 영역을 중요하게 생각하고 충실하게 영위하고 싶어하는지를 구조화하는 것이다. 리스크 대처에 관한 감수성이나 긴급성은 중요하게 생각하는 삶의 영역에 따라 달라지기 때문이다. 또 이를 통해 각각의 리스크가 생활과 어떤 상관관계를 맺고 있는지에 대한 일종의 지형도地形圖나 겨냥도를 그릴 수 있기 때문이다.

「국민생활 선호도 조사」는 내각부(구 경제기획청) 국민생활국이 1972년 이후 3년마다 실시하는데(최근에는 매년 실시하고 있지만 여기서 다루는 「국민들의 의식과 니즈 조사」는 3년마다 실시한다), 1981년 조사부터 삶의 영역 열 가지의 중요도와 정책 우선도를 묻고 있다.

① 의료와 보건(건강 증진·질병 예방·의료시설과 서비스 정비 충실도 등)

② 교육과 문화(교육문화시설 정비·교육 내용 충실성·교육의 기회균등 등)

③ 근로생활(직장 안전성·고용 안정성·취업기회 확보·취업능력개발 증진 등)

④ 휴가와 여가생활(휴가제도 충실성, 여가시설과 서비스 정비 충실도 등)

⑤ 수입과 소비생활(수입의 착실한 증가, 물가 안정, 상품 안전성, 상품가격 적정성 등)

⑥ 생활환경(주택 확보와 질적 향상, 쓰레기·분뇨·하수처리 등 주거환경의 향상, 공해·재해의 감소 등)

⑦ 안전과 개인 보호(범죄 감소, 인권 보호, 공정한 법 집행 등)

⑧ 가족(부모와 자식·부부·형제간의 신뢰, 가족 복지 서비스의 충실도, 가족해체의 감소 등)

⑨ 지역생활(지역 시설의 충실도, 지역 행사·사회교육의 충실도, 지역 활동의 활발성 등)

⑩ 공정과 생활보장(소득분배의 공정성, 불평등의 시정, 고령자·심신장애자의 복지 향상 등)

이들 항목은 원래 복지 영역으로 설정되었지만 생활보호나 생활보장 같은 좁은 의미의 사회복지가 아니라 생활의 질적 충실화라는 관점에 따라 삶의 영역으로 분류되었다. 이 조사에서는 현재 또는 장래의 생활에서 중요하다고 생각하는 영역과 국가나 지방자치단체가 실시하기를 강력히 바라는 영역이 무엇인지를 물었다.

생활에서 가장 중요한 영역으로 꼽힌 것은 조사가 있던 첫해부터 2005년까지 일관되게 '의료와 보건' 영역이었다. '의료와 보건' 영역은 연도에 따라 약간씩 차이가 있지만 대체로 33~40%를 나타내고 있다.[1] 그다음으로 높은 영역은 '수입과 소비생활'인데, 마찬가지로 연도에 따라 약간씩 차이는 있지만 대체로 19~25%를 추이하고 있다. 두 영역의 중요도는 타 영역을 크게 능가하고 있다. 3위는 '가족' 영역이고(13~19%), 뒤이어 '근로생활', '교육과 문화', '생활환경', '공정과 생활보장'의 순서다.

국가나 지방자치단체가 실시해주기를 바라는 영역의 우선순위는 중요도 순위와 거의 일치한다. 그러나 '가족' 영역만은 높은 중요도에 비해 정책적인 개입에는 낮은 기대감을 보이고 있다. 즉, 이 영역은 생활상 중요한 영역임에도 국가의 정책적인 개입을 크게 바라지 않는다는 것이 일본 국민의 마음이다.

이상을 다음과 같이 개괄할 수 있다. 일본 국민이 사회생활에서 특히 중요하게 생각하고 동시에 국가의 정책적인 개입을 우선으로 기대하는 영역은 '의료와 보건', '수입과 소비생활'이다. 일본 국민은 건강과 경제적인 안정을 확보해 자신의 힘으로 가족을 안정적으로 뒷받침하려는 경향이 있다. 또 근로생활, 교육과 문화, 생활환경, 공정과 생활보장 등에 대한 국가와

---

1 복지 영역의 중요도와 정책 우선도에 관한 1981~2005년의 선호도 조사 결과값은 http:-//www5.cao.go.jp/seikatsu/senkoudo/h17/17senkou_4.pdf에 게재되어 있다.

지방자치단체의 정책적인 정비를 기대하고 있으며 이를 통해 자기 생활의 질적 충실을 실현하고자 한다.

요약하면, 지난 4반세기 동안 해마다 특징적인 사회문제나 사회 관심사가 출현했음에도 국민이 건강하고 경제적으로 안정된 상황에서 원만하고 즐거운 가족생활을 바탕으로 사회생활에 충실하려는 경향에는 변화가 없었다. 사회생활 속 리스크로는 건강 리스크, 경제 리스크, 가족 리스크를 들 수 있으며 이들이 생활 리스크의 트로이카를 형성한다. 만약 사회생활 리스크학^學이라는 것이 있다면 이 학문은 이들 세 가지 리스크를 이론으로 구성하고 각 리스크에 대한 대응책을 모색하는 일을 기초로 해야 한다.

오늘날 사람들이 '의료와 보건'에 관련된 리스크에 많은 주의를 기울이는 것은 사실이지만 실제로 생명을 위협하는 위험이 널리 퍼져 있는 것은 아니다. 사실 반세기 전에 비해 위생상태는 크게 개선되었으며 유아 사망률은 낮아졌다. 병원 집중치료실외 개신, 항생물질을 비롯한 약품 개발, 직장 안전성 보급 등 의료와 보건 부문에서 이루어진 진보는 건강 리스크를 감소시켰다. 그러나 건강 리스크(의식)가 확산되고 있는 현상은 분명한 사실이다. 새롭게 개발된 약제로 인한 약해^{藥害}, 각종 첨가물이 든 식품 섭취로 인한 건강 장애, 환경오염으로 인한 질병 이환율 상승, 흡연·비만·고혈압이 건강에 끼치는 해악에 대한 인식 제고 등 생활의 질을 향상하려는 노력이 도리어 건강 리스크를 증가시켰고 인간 존재의 기반인 생명을 위협하는 결과를 가져왔다. 즉, 부의 원천으로 각광 받던 신기술이 생활을 개선하는 대신 예측하지 못한 위험을 만들어내는 것이다(Beck, 1986).

리스크는 부처럼 분명하게 지각할 수 있는 대상이 아니다. 돈과 달리 방사선이나 유해물질은 쉽게 파악할 수 없다. 이같이 건강을 손상시키거나 자연을 파괴하는 요인 대부분은 개인의 지각능력으로 인식할 수 없는 것들이다. 대상을 파악하기 위해서는 전문가의 분석과 논증에 의존해야 한다.

더욱이 그러한 프로세스를 일반인이 올바로 이해하기는 어렵다. 따라서 리스크에 대해 적당히 대처하고 끝날 가능성이 항상 존재한다. 다시 말해 리스크를 평가하는 상황 자체에 관한 리스크(속이거나 대충 평가하는 행위 등)가 존재한다.

이를테면 약해나 공해에 관한 인과관계를 특정하는 데 다양한 어려움이 있다. 위험하다고 언명하기 위해서는 원인물질과 위험 간의 인과관계를 밝혀야 한다. 그러나 많은 경우 인과관계를 실증적으로 확인하기가 대단히 어렵다. 이런 사정이 리스크의 생산과 분배와 관련해 사람들의 무신경을 일으키고 자칫하면 그 확대 생산을 허용한다.

'수입과 소비생활'로 대표되는 경제 리스크는 생활기반을 붕괴할 수 있는 중대한 문제다. 일본 사회의 관행에 따라 고용 안정을 보장받던 시절에는 실업 리스크가 작았기 때문에 '근로생활'의 영역보다 (고용 안정을 전제로 하는) '수입과 소비생활'의 충실성이 더 중시되었다(다만 구조조정과 실업이 늘어난 1990년대 말 이후로는 근로생활을 중시하는 비율이 조금 높아졌다). 오늘날에도 이 같은 경향은 존재하지만 고용의 유동화라는 명목으로 진행되는 취업 형태의 다양화는 경제활동이 만들어내는 리스크를 종업원에게 분산하려는 시도라고 할 수 있다.

고용과 관련해 최근의 특징적인 현상은 실업 또는 정규 취업이라고 말할 수 없는 취업 형태가 늘어나고 있는 것이다. 이를테면 시간제 근무, 파견 노동, 프리터freeter, 재택근무, 근무유연제 등과 같은 종전의 고용계약이나 근로 형태와는 다른 취업 형태가 생겨나고 있다. 이 같은 비정규 노동에 관해서 대립적인 두 가지 사고가 존재한다.

하나는, 다양한 취업 형태가 9시부터 5시까지 근무하는 기존의 획일적인 노동에서 근로자를 해방시키고 생활방식에 맞춘 다양하고 유연한 근로 형태를 허용해 노동자의 생활에 여유와 자유를 주었다는 견해다. 반면 다른 하나는, 일찍이 여성의 시간제 근무가 고용조정의 맞춤 대상이 되었던 것처럼 종전과는 다른 취업 형태가 결국 기업 합리화 대책의 일환으로서 불안정한 취업 형태와 다르지 않다는 견해다.

양자가 모두 설득력 있는 견해라고 할 수 있지만, 어떤 견해를 취하든지 간에 분명한 점은 리스크 분배 문제가 고용 형태에까지 그 영향을 미치고 있다는 사실이다. 전자는 전문기술직이나 관리직에게는 해당될 수 있으나 일반 종업원에게는 해당되기 어렵다. 후자는 전통적인 정규 노동을 보호하고 실업을 극복하는 데는 좋으나 이 때문에 기업이 (국제적인) 경쟁력을 잃을 경우 도산을 피할 수 없게 되고, 이 같은 상황은 더 큰 비극을 불러온다. 즉, 딜레마 상황에 놓여 있다고 볼 수 있는데, 우리가 이 같은 상황에 처하는 현상이 바로 전형적인 리스크 사회의 모습이다(今田高俊, 1999).

비정규 노동자는 실업 예비군이라고 할 수 있으며 실업은 소비자물가 상승과 함께 경제 리스크를 대표한다. 비참悲慘 지수라는 경제적 지표는 인플레이션율inflation rate(소비자물가 상승률)과 실업률을 조합해 경제적인 고통 수준을 나타내는데, 이것 또한 경제 리스크를 표현하는 데 유효한 지표다.

한편 '가족'과 관련해서도 이전보다 많은 리스크가 발생하고 있다. 우리 대부분은 가족을 당연한 존재로 생각하고 그 중요성을 의심하지 않는다. 그러나 사실 가족은 자명한 존재가 아니다. 근대사회 특유의 개인화 역학은 사람들의 삶에 내적인 안정을 부여해온 '가족'에게도 리스크를 분배해 가족 분열이라는 위기를 일으킨다.

예를 들어 가정 폭력, 아동 학대, 이혼 증가, 부부 별성別姓, 사실혼·동성혼의 사회적 인정, 혼외자 차별, 체외수정, 대리모 등 다양한 형태의 리스크가 가족을 엄습하고 있다. 결혼하지 않고 사는 단신세대單身世帶의 증가나 자녀 없이 부부 모두 직장생활을 하는 세대인 딩크족DINK: Double Income, No Kids의 증가 역시 근대사회 가족을 분열로 이끄는 리스크다.

성역할性役割을 새롭게 분담하자는 페미니즘feminism 운동이 고조되면서 여성의 자립이 진전된 것은 사실이다. 그러나 여전히 남녀평등을 말로만 외치고 행동으로 실천하지 않는 남성이 많다. 이들은 남녀평등이 실현되기를 바라면서도 구태의연한 성역할 분담을 유지하고 싶어하는 모순된 생각을 가지고 있다. 이런 상황이 계속된다면 종래의 결혼관과 가족 형태는 무너질 수밖에 없다.

개인화를 추진하는 역학은 궁극적으로 결혼과 가족이 없는 사회를 상정한다. 이는 직업 종사자가 시장의 요구에 부응하기 위해 자유롭게 이동할 수 있는 존재가 되는 것을 전제로 하고 있다. 전통적인 핵가족 규범은 여성에게 성역할 분담을 토대로 가사나 자녀를 돌보고 인간관계를 통해 지역사회에 뿌리를 내려 이를 유지할 것을 강요한다. 결과적으로 이것은 직업 종사자가 시장의 요구에 부응하는 데 걸림돌이 된다. 직업 생활을 지향하는 여성은 결혼이나 가족에 구속되지 않는 고립된 개인이 되어야 한다는 압박감을 느끼게 된다. 이러한 이유로 부부와 그 자녀로 구성된 핵가족은 분열로 가는 리스크를 안게 되었다.

앞으로 남녀 사이의 분쟁은 계속 늘어날 가능성이 높다. 남녀 사이에 발생하는 분열이라는 리스크를 개인적이고 사적인 결혼이나 가족 문제로 전가하는 구조가 나타나고 있기 때문이다. '개인적인 것은 정치적인 것'이라는 페미니즘의 외침은 이 점에서 정당성을 갖는다. 시장이 요구하는 개인화된 존재 양식이 사람들에게 더욱 강력히 관철되고 이에 따라 결혼이나 가족 형성이 더욱 큰 어려움에 봉착하게 된다. 여성들은 자립을 추구하면서도 결혼을 하고 자녀를 가질 수 있기를 희망하지만 개인화의 압력 때문에 자신의 인생에 좋은 반려자를 포함하기 어려워진다.

이 같은 사태를 자기책임이라는 그럴듯한 이름 아래 무시하고 방치하는 사회구조가 바로 리스크 사회를 상정한다. 이를 해결하기 위해서는 배우자의 사정을 고려하는 노동력 이동을 제도화할 필요가 있다. 직업 상담소는 단순히 일자리를 상담하는 것이 아니라 내방자의 가족을 위한 직업을 상담하고 소개해야 한다. 마찬가지로 직업 커리어 모형을 설계할 때도 배우자를 고려해야 한다. 리스크에는 개인적으로 감당해야 할 것과 집단적으로 감당해야 할 것이 있다. 이것을 분명히 구분해 종래의 성역할 분담을 뛰어넘어야 한다. 이를 통해 새로운 남녀평등을 달성하는 일이 '가족 리스크' 관리의 중요한 과제다.

3. 리스크에 응답하는 사회를 향해

리스크에는 비즈니스 기회가 있고 높은 리스크high risk에는 높은 수익high return이라는 호기가 감춰져 있으며 이들 리스크는 분산해 관리해야 한다는 경제 원칙이 있다. 하지만 이러한 원칙은 시장 경쟁에 친숙하지 않은 대상에는 적용되지 않는다.

사실 지금까지 경제는 비즈니스와 무관한 리스크의 생산과 분배에 대해 무관심한 태도를 보였다. 리스크 자체를 비즈니스로 행하는 기업으로는 경비회사, 신용평가회사, 증권회사, 손해보험회사, 생명보험회사 등이 있으며 일반 기업에서도 리스크 분산을 위해 포트폴리오 이론을 이용하여 사업을 재편하거나 투자를 하고 있다.

시장경제는 리스크를 비즈니스 기회로 바꾸는 탐욕성을 갖고 있는데, 이 탐욕성은 리스크를 감소하지 않고 분산하기만 할 뿐이며 리스크 회생자와 리스크에서 이익을 얻는 자 사이의 분열을 촉진한다. 시장경제를 중심으로 진행되는 글로벌화는 리스크를 전 세계에 분산시킨다. 전 세계 차원의 신자유주의 도그마dogma 때문에 빈부 격차가 확대되며 세계적인 규모의 범죄가 빈발해 사회 불안이 높아지고 있다. 그러나 여전히 시장경제 시스템은 돈벌이와 무관한 리스크에 대해서는 무관심하거나 적어도 비응답적 unresponsive 이다(今田高俊, 2002).

리스크에 응답하는 사회가 되기 위해서 환경문제에서 얻은 교훈을 사회활동 영역에 응용해볼 수 있다. 이 같은 시도에서 유효한 관점이 생태학의 '닫힌 바퀴' 논리다(Commoner, 1971). '공짜 밥free lunch은 없다'라는 생태계 법칙이 있다. 지구 생태계는 자본을 투하해 이윤을 얻는 경제법칙에 친숙하지 않다. 이것은 닫힌 바퀴를 형성하고 있기 때문에 그 속에서는 전체적으로 이익도 없고 손실도 없다. 즉, 어느 부분에서 양의 효과가 발생하면 다른 부분에서 음의 효과가 발생해 결과적으로는 아무 변동이 없는 셈이다. 외부의 힘으로 자연을 개발해 수익을 올린다면 반드시 '손실'이라는 청구서가 생태계 어딘가로 날아간다. 따라서 인간의 작위적인 행위를 통해 생태계에서 무언가를 취득할 경우 어떤 형태로든 대가를 지불해야 한다.

이와 마찬가지로 리스크도 반드시 어딘가로 향한다. 리스크는 분산만이 가능하고 완전히 사라지지는 않는다. 어딘가에서 어떤 리스크를 잘 회피하고 있다면 그 리스크는 다른 곳을 향하고 있는 것이다. 즉, 전체적인 차원에서 리스크를 회피하는 일은 가능하지 않다. 우리는 이 원칙을 마음에 확실히 새기고 대가를 지불할 각오를 해야 한다.

현재까지는 리스크의 생산과 분배에 관한 지식이 거의 축적되지 않은 상태다. 리스크 회피에 관한 지식도 대부분 이기적인 동기를 충족하기 위한 것이다. 국민들은 어떤 리스크가 언제, 어디서, 어떤 형태와 얼마만큼의 정도로 출현할 것인지를 알 권리나 평가할 권리를 충분히 누리지 못하고 있으며, 이는 불안을 가중시키고 있다. 이 같은 불안감은 이전 공해·환경오염이 절규하던 때의 불안과 유사하며 자기책임으로 대처할 수 있는 유형이 아니다.

이와 관련해 과거에 이용했던 환경문제 대처 방식이 하나의 실마리를 제공한다. 일찍이 공해를 유발하는 기업을 고발하는 운동이 발생했고, 그 결과 환경평가 방법이 정비되었다. 더 나아가, 에너지와 자원을 줄이기 위한 계몽 활동이 일어났으며 재활용 사회로 전환이 추진되었다.

이 같은 역사를 참고해 우리는 우선 ① 어떤 리스크가 어디서 발생하고 있는지를 확정하는 리스크 식별과 프로파일링profiling을 시작으로, ② 리스크 크기를 평가해 해당 리스크의 허용 여부를 판단하는 리스크 평가assessment를 시행하며, ③ 리스크의 사회적인 수용이나 대처를 위해 시민·전문가·행정관 등 관계자 사이에 의사소통을 도모해 합의를 형성하는 것을 목표로 리스크 커뮤니케이션에 힘쓰고 마지막으로, ④ 리스크를 회피하거나 리스크 부負의 효과를 감소하기 위한 리스크 관리로 나아가야 한다.

이처럼 리스크를 회피하는 일에는 왕도가 없다는 사실을 명심하고 우선 리스크 프로파일링과 평가를 담당할 기관을 만들어 그 방법을 정비하고 제노화하는 데 착수해야 한다.

참고문헌

今田高俊. 1999. 「'リスク'が個人に転嫁される社会」. ≪エコノミスト≫, 77巻, 34号, pp. 96~97.

_____. 2002. 「リスク社会と再帰的近代：ウルリッヒ・ベックの問題提起」. ≪海外社会保障研究≫, 138号, pp. 63~71.

Beck, Ulrich. 1986. *Risikogesellschaft: Auf dem Weg in eine andere Moderne.* Frankfurt am Main: Suhkamp.

Commoner, Barry. 1971. *The Closing Circle: Nature, Man and Technology.* New York: Knoph.

Giddens, Anthony. 1991. *Modernity and Self-identity: Self and Society in the Late Modern Age.* Cambridge: Polity Press.

제 1 장

가족의 리스크화

야마다 마사히로 山田昌弘

근대사회의 구조 전환 때문에 현대 일본의 가족이 커다란 리스크에 노출되었다. 1990년대 전반기까지 일본 사회에서 가족은 리스크 없는 안정적인 환경을 누리며 경제적으로는 생활 보장, 정신적으로는 존재론적 안심감을 가지고 살 수 있었다. 그러나 새로운 경제가 출현하고 개인화가 진전됨에 따라 가족 안정성이 무너지기 시작했다. 이후 사람들은 다른 사람과 같은 정도의 생활수준이 보장되지 않는 리스크, 존재론적 안심감을 얻을 수 없게 되는 리스크에 직접적으로 노출되었다. 근대사회를 사는 사람들에게 가족은 어떤 의미일까? 가족이 리스크화하는 경우 사람들의 생활이나 의식은 어떻게 변할까? 제1장에서는 가족 리스크에 초점을 맞춰 일본 가족의 과거·현재·미래를 고찰한다.

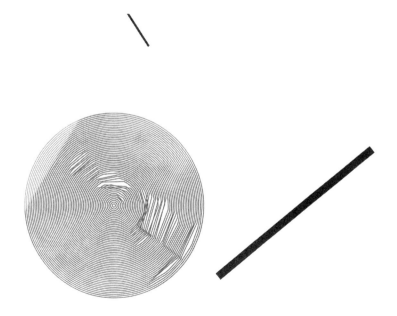

1. 리스크 사회론 속의 가족

1) 리스크 사회의 양 측면

가족생활의 리스크화는 근대사회가 큰 전환점에 있음을 의미한다. 울리히 벡은『위험사회』에서 근대는 새로운 단계에 돌입했으며 이를 나타내는 특징이 리스크 확대라고 지적한 바 있다. 즉, 근대사회의 발전에 따라 사람들이 통제할 수 없는 미래의 영역이 확대되고 이로써 사람들이 위험한 상태에 빠질 확률이 커진다. 그 결과 정치, 생활, 의식 등 사회 전반에 걸쳐 질적인 변화가 일어난다는 것이 그의 핵심 주장이다.

그의 리스크 사회론과 관련해 우선 수준이 다른 두 종류의 리스크를 구별할 필요가 있다. 하나는 사회 전체적인 차원에서 미래를 예측할 수 없는 영역이 늘어나는 것이고, 또 다른 하나는 개인 차원에서 미래를 예측할 수 없는 영역이 늘어나는 것이다(Boyne, 2003).

많은 사람에게 환경 파괴, 핵무기, 원자력발전, 금융 시스템 등에 관한 리스크는 먼 장래의 일이거나 눈에 보이지 않는 일 또는 일어날 확률이 극히 작거나 직접적인 관계가 없는 일이다. 과학기술이 발전하고 글로벌화하면서 사회는 더욱 복잡해진다. 이에 사회 시스템 전체의 불안정성이 증대하고 통제할 수 없는 영역이 확대된다. 결과적으로 사회 시스템 전체가 위험상태에 처할 수 있는데, 앞에서 언급한 리스크는 이 같은 논리를 기반으로 한다. 이는『위험사회』제1부에서 다루는 주된 내용으로, 이미 많은 이들이 논한 부분이다.

울리히 벡은 해당 책에서 사회 시스템 전체에 관한 문제를 다뤘다. 같은 저서의 제2부,『상태화常態化한 사랑의 카오스(Das ganz normale Chaos der Liebe)』(Beck and Beck-Gernsheim, 1990) 그리고『개인화(Individaulization)』

(Beck and Beck-Gernsheim, 2001)에서는 개인의 일상생활에서 발생하는 리스크 증대를 지적한다. 그는 사회가 복잡해지면서 가족과 직업이 불안정하게 변하고 기본적인 생활에 관한 장래를 예측하는 것이 어려워지며 그 결과, 개인이 위험상태에 빠지는 리스크가 증대한다는 점을 논했다.

앤서니 기든스Anthony Giddens와 지그문트 바우만Zygmunt Bauman 또한 가족이 불안정해지면서 개인의 정체성identity이나 애정관계가 고정되지 않고, 친밀한 관계와 자신의 안정성이 보장되지 않는다는 점에서 사실상 가족의 리스크화가 새로운 단계로 이동한 근대의 특징이라고 했다(Giddens, 1991; Bauman, 2000).

사회 시스템 전체의 리스크화와 개인의 생활 또는 정체성의 리스크화는 서로 밀접한 관계다. 뒤에서 자세히 밝히겠지만, 양자 모두 근대사회의 원리 원칙이 철저하게 관철된 결과다. 사회 시스템 전체가 위험상태에 빠지면 개인의 생활 역시 위험상태에 처하는 것은 자명한 현상이다. 이때 사회 시스템 리스크를 회피하거나 의식하지 않는다고 해서 개인의 생활 리스크가 사라지는 것은 아니다. 그런 의미에서 가족 리스크는 개인의 삶의 경험이나 선택과 상관관계가 크다.

2) 근대사회 전환론

1990년대 이후, 근대사회가 구조적인 변화 또는 심화를 통해 새로운 단계에 진입했다고 주장하는 많은 의견이 나타났다. 이 같은 맥락에서 리스크 사회와 가족의 리스크화를 이해할 필요가 있다.

울리히 벡과 앤서니 기든스가 주도한 근대사회 전환론은 다음과 같은 두 가지 특징이 있다. 첫째, 근대사회의 구조 전환은 근대의 심화, 즉 근대적 원칙이 철저하게 작동해 초래되었다는 점이다. 다시 말해 사회 편성에 관해 이전의 근대사회와 전혀 다른 원리 원칙이 생긴 것이 아니다. 오히려 근대를 특징짓는 원리, 이를 테면 울리히 벡이 말하는 '개인화', '글로벌화', '과학기술의 진보', '성性의 해방'이나 앤서니 기든스가 말하는 '재귀성再歸性의 증대', 지그문트 바우만이 말하는 '규범에서의 해방' 같은 것이 철저하게 작동함에 따라 근대의 새로운 단계가 형성되었다.

둘째, 근대의 제1단계에서 제2단계로 이루어진 변화가 사회구조의 질적인 변화를 동반했다는 점이다. 이 변화를 울리히 벡은 "제1의 근대에서 제2의 근대로", 앤서니 기든스는 "단순한 근대에서 초근대hyper modernity로", 지그문트 바우만은 "고체적固體的 근대에서 액상적液狀的 근대liquid modernity로"라고 표현했다. 그들은 이 같은 근대사회의 전환으로 인해 사회, 경제의 존재 상태뿐만 아니라 정치, 노동, 가족의 존재 상태 더 나아가 개인의 의식 영역에 이르기까지 질적인 변화가 이루어졌다고 주장한다.

여기서 중요한 점은 이 같은 전환이 '진보'나 '사회 발전'이라고 말할 수 있는, 다시 말해 사회 안정성이나 개인 행복이 점차 증가하는 직선적이고 긍정적인 변화 과정이 아니며, 이 변화가 개인이나 사회에 악영향을 주는 부정적인 측면을 함께 가져왔다는 사실이다. 스콧 래시Scott Lash는 이를 "비선형적非線形的 발전"이라고 불렀는데, 악영향을 끼치는 요인 중 하나가 바로 '리스크 증대(또는 리스크의 질적인 변화)'다(Lash, 2001).

'근대I(단순한 근대·고체적 근대)'은 근대화가 소홀하게 진행된 근대이고, '근대II(초근대·액상적 근대)'는 근대화가 철저하게 진행된 근대라고 할 수 있다. 지금부터는 울리히 벡을 따라 '근대I', '근대II'라는 용어를 사용해 근대를 구분하겠다. 일반적으로 '근대I'은 공업 위주의 산업사회, '근대II'는 글로벌화나 정보산업화가 발전한 포스트 공업사회에 해당한다. 후자는 유럽과 미국에서는 1980년대 이후의 사회를, 일본에서는 1990년대 후반 이래의 사회를 가리킨다.

3) 근대사회에 내재하는 모순의 현재화로서 가족의 리스크화

근대사회 구조 전환론자에게 가족은 중요한 위치를 차지한다. 근대I에서는 리스크 없이 안정된 가족 환경을 전제로 사회제도가 구축되었고 개인은 그런 제도 아래에서 일상생활을 영위했다. 리스크 없는 가족은 철저하지 않은 근대화의 상징이며, 동시에 근대I의 안정성은 리스크 없는 가족에 의해 지탱되고 있었다. 물론 자세히 들여다보면 위기에 빠져 있는 가족을 발견할 수 있지만 사람들 대부분은 가족에 관한 리스크를 의식하지 않고 일생을 보낼 수 있었다. 이는 다음 두 가지 이유에 근거한다.

우선 근대I에서는 가족에 관한 리스크가 발생할 확률이 작았다. 니클라스 루만Niklas Luhmann에 따르면, 당시에는 가족에 관한 리스크를 억누를 수 있는 시스템, 즉 가족에 관한 규범이 확립되어 있었다(Luhmann, 1991). 근대I에는 가족에게 리스크가 발생하더라도 (가족이 위기 상황에 빠지더라도) 그것을 대처할 수 있는 사회적 시스템 또한 존재했다. 이를테면 친족 집단, 지역사회, 기업사회, 복지국가 등 여러 시스템이 (국가에 따라 시스템의 형태나 그 중요성은 다르다고 하더라도) 가족에 관한 리스크에 빠진 사람을 구제하는 기능을 발휘했다.

이에 비해 근대II는 가족에 관한 리스크 발생 확률이 증대하고 리스크 자체가 질적으로 전환되었으며 리스크에 대처하는 시스템이 거의 사라졌다. 결과적으로 개인은 가족에 관한 리스크를 의식할 수밖에 없는 상태에 처했으며 리스크로 인해 위험상태에 빠질 경우 탈출하는 것이 어려워졌다.

즉, 근대적 원리(개인화·규범에서의 해방)를 가족에 적용할 때 결과적으로 나타나는 '가족의 리스크화'가 근대사회의 새로운 단계를 특징짓는 지표가 되었다.

울리히 벡의 주장을 응용하면 '가족의 리스크화'는 근대 자체에 내재하는 모순이 현재화顯在化한 것이다. 이것은 과학기술의 발달이 가진 모순이 현재화하는 것과 같은 논리다. 근대 I 에서는 과학기술의 발달이 자연재해와 같은 외부 리스크를 억제하면서 사람들의 생활을 안전하고 풍요롭게 만들 수 있었다. 그러나 근대 II 가 되자 인간이 과학기술을 통제할 수 없다는 가능성이 생겨났고 사회 전체의 지속가능성이 손상될 수 있다는 가능성(환경 파괴나 원자력 사고 등의 위험성)이 커졌다. 이 같은 가능성은 사람들의 불안감을 키우는 결과를 가져왔다(Beck, 1986; 小島剛, 2006).

가족과 관련해서는, 사람들을 규범의 제약에서 해방시키는 가족의 자유화·다양화가 오히려 가족에 관한 리스크를 확대했다. 결과적으로 개인을 위험상태에 빠뜨릴 수 있는 가능성이 커졌다.

4) 이 장의 목적

이 장은 '가족의 리스크화' 현상을 근대사회의 구조 전환과 연관해 규명하는 데 목적이 있다. 이를 위해 제2절에서는 근대사회에서 가족이 지니는 의미를 밝히며 가족 리스크를 '가족이 제대로 기능하지 못해 개인을 위험상태에 빠뜨릴 수 있는 것'으로 정의한다. 제3절에서는 가족 리스크를 억제하고 대처할 수 있었던 근대 I 의 조건을 살피고 제4절에서는 근대 II 에 진입해 가족이 리스크화한 원인과 그 현상을 고찰한다. 마지막으로 제5절에서는 가족의 리스크화가 가져오는 개인적·사회적인 결과를 정리한다.

2. 가족의 리스크화가 지닌 의미

1) 가족의 리스크화란 무엇인가

근대사회에서는 '가족'의 존재와 기능 자체가 개인의 (기초적인) 정체성과 (기초적인) 생활의 안정성을 보장한다. 근대I 에서는 사람들 대부분이 가족이 있었고, 가족은 안정된 상태였기 때문에 정체성 위기나 생활 파탄을 겪지 않고 생활할 수 있었다.

가족의 리스크화란 '가족이 안정적이지 못해 개인의 정체성 또는 기초적인 생활이 위협받을 가능성이 커지는 것'이라고 정의할 수 있다. 가족이 불안정해지는 사태로는 두 경우를 꼽을 수 있다. 하나는, 가족을 갖지 않거나 가족을 상실할 기회가 증대하는 사태다. 이것을 '가족 상실의 리스크'라고 한다. 또 다른 하나는, 가족을 유지하는 행위 자체가 그 사람의 정체성이나 생활에 장애를 가져올 가능성이 커지는 사태다. 이것을 '가족기능 부전의 리스크'라고 한다.

이상의 정의에는 유보 조건이 붙어야 한다. 이 같은 의론은 가족의 존재와 기능이 개인의 정체성과 삶을 유지할 수 있게 만드는 기본조건이라고 가정하고 있다. 그렇기 때문에 '가족의 상실이나 기능 부전이 개인의 정체성 위기 또는 생활 파탄과 직결된다'는 명제가 의미를 갖는다. 하지만 논리적으로 따지면 이 양자는 동등한 관계가 아니다.

근대사회에서 사람들이 정체성이나 생활의 안정을 오직 가족에게서만 구하는 것은 아니다. 가족과 무관하게 정체성과 생활을 유지하는 것이 가능하다. 그러나 많은 근대인에게 가족은 정체성의 기반이자 생활의 기본단위라는 사실을 부정할 수 없다. 근대I은 안정된 가족이 바탕이 되어야만 사람들의 정체성과 생활이 안정된다는 전제 위에 성립해 있었다.

가족 리스크가 확대되었다고 해서 곧바로 정체성 위기에 처하거나 생활이 불가능해지는 것은 아니다. 가족이 아니라 다른 대상에서도 정체성을 찾을 수 있으며 가족에 의지하지 않으면서도 제대로 생활할 수 있다는 가능성을 유보 조건에 첨가해야 한다.

2) 근대 가족의 정체성 문제

필자는 '근대 가족'을 근대사회에서 살고 있는 가족이라는 의미로 사용하는데, 이 개념은 개인의 정체성 유지와 생활의 안정성을 확보하기 위해 발달한 것이다. 지금부터는 이것을 순차적으로 고찰한다.

이 장에서는 정체성을 '사회에서 자기 존재가 인정받고 있다는 감각'이라고 정의한다. 근대사회에서 정체성은 자동적으로 주어지는 것이 아니라 스스로 만들어가는 것이다. 이것이 앤서니 기든스의 저서 『근대사회에서의 자기론(Modernity and Self-Identity)』의 기본 테제다(Giddens, 1991).

실존주의 철학자들이 강조했듯이 종교나 공동체가 영향력을 상실한 근대사회에서는 개인이 실존적 불안에 노출되고 사회 속에 내던져진다. 바로 이것이 쇠렌 키르케고르Sören Kierkegaard 이래 받아들여진 근대인의 숙명이다. 실존적 불안 속에서 인간은 삶의 의미를 잃고 절망감을 느낀다. 따라서 정체성을 유지하기 위해 특정한 형태의 존재론적 안심감을 확보할 필요성을 강하게 느끼게 된다.

나는 이것을 '나를 염려하고 필요로 하는 존재를 찾고, 그것을 유지하려는 욕구'라고 말하겠다 ─ 『도주하는 가족(迷走する家族)』(山田昌弘, 2005)에서는 이를 "신뢰할 수 있는 관계를 얻고자 하는 욕구"라고 불렀다 ─ 이 존재는 반드시 구체적인 인간에 한정되지 않는다. 신, 자연이라고 해도 좋으며 사회나 이데올로기여도 상관없다. 마르틴 하이데거Martin Heidegger가 강조했듯이

'민족국가'여도 좋다(근대사회에서는 '전통적인 종교'나 '커뮤니티'조차 정체성의 대상이 되려면 인간에 의해 적극적으로 선택되어야 한다).

근대사회에서는 나를 염려하고 필요로 하는 존재를 획득하고 유지하는 일이 자동적으로 달성되지 않는다. 이는 과제로 삼아 달성해야 하는 것으로 일종의 노력을 요구한다. 또한 이것은 개인의 의지만으로 달성되지 않는다. 자신도 선택받는 입장으로 상대방도 의지를 가지고 있기 때문이다. 정체성을 획득하고 유지하는 것의 여부는 개인의 노력, 능력, 자질, 운, 상대방의 상황 등과 같은 개인이 통제할 수 없는 여러 조건에 의해 좌우된다.

예컨대 정체성 획득의 여러 단계를 보여주는 에릭 에릭슨Erik Erikson의 발달론에 따르면 (어느 단계에서든) 기본적인 신뢰가 확립되는 것에 관한 보증은 존재하지 않는다. 영유아 단계에서는 부모의 성격이나 상황에 좌우되고 이후에는 자신의 능력, 매력, 우연한 만남 같은 것에 의해 좌우된다. 결론적으로 근대사회에서는 개인이 정체성을 획득할 수 없거나 또는 상실할 리스크에 항상 노출되어 있다.

3) '가족'이라는 정체성 안정 장치

근대사회에서 장래에 대한 존재론적 안심감을 확보하기 위해 발달한 것이 '근대 가족'이다(프리드리히 니체Friedrich Nietzsche라면 이를 범인凡人의 도피처라고 말하겠지만). 니클라스 루만식으로 말하면 정체성에 관한 불확실성을 축소시키는 장치로서 가족이라는 제도가 만들어졌다고 할 수 있다.

근대 가족의 커다란 기능은 미래의 오랜 기간에 걸쳐 정체성을 확보하는 데 있다. 이는 가족에 관한 관습적 규범을 기반으로 하고 있으며 다음의 세 가지 과정으로 이루어진다. 개인은 가족(주로 부모) 속에서 태어난다. 가족은 아이를 염려하고 필요한 존재로 대하는 일이 규범에 의해 요청된다.

아이는 기본적인 신뢰관계가 보증되어 있는 가운데 양육된다. 즉, 정체성을 상실할 리스크를 의식하지 않고 자랄 수 있다.

근대사회에서는 누구나 배우자를 스스로 찾아낸다. 결혼한 후 부부는 서로 염려하며 상대방을 필요한 존재로 대하는 일이 규범에 의해 요청된다. 이들은 계속해서 서로 염려하고 필요로 하고 있다고 느껴야 한다. 시간이 흘러 이들은 부모가 되고 자녀를 양육한다. 부모는 다시 자녀가 자신을 염려하고 필요한 존재로 생각한다는 것을 느끼며 일생을 끝낸다. 이처럼 가족이 존재하고 기능하는 한 사람들은 실존적 불안을 피할 수 있었다.

4) 기본적인 생활을 보장하는 존재로서 '가족'

근대사회에서는 개인에게 경제적인 자립을 요구하는데, 자신의 수입으로 생활을 꾸려가는 것이 원칙이다. 그러나 현실적으로 인간은 평생에 걸쳐 경제적으로 자립한 상태일 수 없다. 특히 어른이 되기 전의 청소년은 자립하는 일이 불가능하다. 따라서 가족이 기본 생활을 보장하는 역할을 담당했다(전근대사회에서는 가족 관계를 포함한 다양한 집단이 생활을 보장했다).

근대사회의 가족은 무엇보다 '성역할 분담'을 기반으로 성립했다. 이 사회는 생산노동과 가사노동의 분담이라는 특징을 가진다. 사람들의 생활은 양쪽의 성과를 토대로 이루어졌다.

산업화가 시작된 근대 초기 많은 선진국에서 남편이 사회적인 일을 담당하고 아내가 가사나 육아를 담당하는 유형의 가족이 나타났다. 산업화와 더불어 이 같은 형태는 일반화했다. 남편은 바깥에서 가계를 지탱할 수입을 벌어오고 아내는 가사, 육아와 같은 재생산 노동을 수행해 생활을 영위하는 것이 표준적인 양상이 되었다. 산업사회에도 농가나 소규모 상점과 같은 자영업을 꾸려가는 가족이 존재했는데, 마찬가지로 가업의 존속을 전

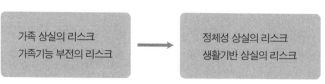

제로 부부가(그 부모까지 포함해) 생산노동과 가사노동을 분담했다. 즉, 가족이 기본적인 생활을 보장한다는 점은 전자와 동일하다.

한 가정에서 태어난 아이는 부모의 수입과 돌봄에 의해 양육되면서 자립할 능력을 갖춰간다. 자립한 후에는 결혼을 하고 각자의 성별에 따라 분담된 역할을 수행하며 가족의 생활을 떠받친다. 가족이 존재하고 기능을 발휘하는 한 개인은 안심하고 생활할 수 있다(여기서 기능이란 남편의 수입이 생활하기에 충분하고 아내의 가사·육아노동이 충분히 공급되는 것을 말한다).

5) 가족 리스크 유형

근대 가족의 기본적인 기능을 '정체성 공급'과 '생활기반 보장'이라고 한다면 가족에 관한 리스크는 ① 정체성을 획득할 수 없거나 상실하게 되는 리스크, ② 생활이 곤란에 빠지는 리스크로 나눌 수 있다. 전자를 '정체성 상실의 리스크', 후자를 '생활기반 상실의 리스크'라고 부른다(〈그림 1-1〉).

지금 언급한 리스크는 앞에서 이야기한 리스크, 즉 가족을 형성할 수 없거나 상실하게 되는 '가족 상실의 리스크'와 가족이 생각대로 기능하지 않는, 다시 말해 가족이 존재하지만 내가 '염려받는 존재, 필요한 존재'라고 느낄 수 없거나 가족에게 필요한 수입이나 가사 노동력이 상실되면서 생활이 곤란에 빠지는 '가족기능 부전의 리스크'에 대응한다.

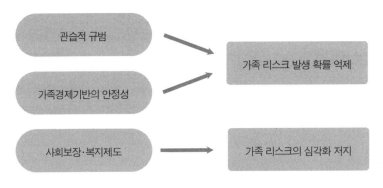

〈그림 1-2〉 근대 가족의 안정화 조건

3. 근대I에서의 리스크 억제

1) 근대 가족의 안정화 조건

근대I에서는 가족 상실의 리스크나 가족기능 부전의 리스크가 발생하는 것이 억압되었다. 이는 관습적 규범과 가족경제기반의 안정성이라는 조건과 관련한다. 그럼에도 발생하는 리스크는 다양한 형태의 사회보장·복지제도에 의해 그 심각화가 저지되었다(〈그림 1-2〉).

2) 관습적 규범으로 리스크 억제하기

먼저 가족에 관한 리스크가 발생하는 것을 억제하는 관습적 규범을 살펴보자. 니클라스 루만은 '복잡성의 축소'라는 유명한 테제를 통해 사회의 자유 수준이 높아지고 복잡해지면 상대방의 행동을 예측하기 위해 관습적 규범이 형성된다고 말했다.

가족에서는 '가족의 애정'이 이를 위한 관습적 규범이라고 할 수 있다. 근대사회에서 발달한 애정이라는 개념 속에는 상대방을 염려하고 필요로 하는 요소와 경제적으로 책임을 서로 나눠가지는 요소가 포함되어 있다.

필자는 『근대가족의 향방(近代家族のゆくえ)』(山田昌弘, 1994)에서 애정과 관련해 '가족이라면 서로 애정을 가져야 마땅하다'는 규범과 '애정이 있다면 상대방을 위해주어야 마땅하다'는 규범을 구별했다. 구체적으로 말하면 전자는 자녀에 대해서는 애정을 가져야 마땅하다는 것이고, 후자는 자기 이익을 희생해 자녀를 양육하는 것이 마땅하다는 것이며 또한 결혼을 했으면 상대방을 위해 애써야 한다는 것을 뜻한다. 니클라스 루만이 이야기했듯이, 근대사회에서 이 같은 규범이 발생한 이유는 자유로운 사회 속에서 안정된 인간관계를 확보해야 한다는 사회적 요청이 현실화한 것이다.

여기에 리스크론을 적용해보면 개인의 자유와 자기 이익 추구가 보장된 근대사회에 바로 이러한 규범이 존재하고 기능해(사람들이 규범을 따르는 데 동의해) 가족 상실의 리스크(이혼, 부모나 자식 유기遺棄)와 가족기능 부전의 리스크(가족에게서 마땅히 받아야 할 돌봄이나 부양을 받지 못하는 것, 가족을 싫어하거나 가족에게 외면을 받는 것)를 억제하는 일이 가능했다고 할 수 있다.

3) 가족경제기반의 안정성

근대I에서 리스크가 억제될 수 있었던 또 다른 조건은 상대적으로 안정된 가족경제기반이다. 공업을 기반으로 하는 산업사회에서는 장시간 일할 수 있는 숙련 노동자의 수요가 커진다. 기업은 하루 종일 공장이나 회사에서 일할 수 있는 남성 노동자를 필요로 한다. 이 시기 많은 선진국에는 노동정책과 노동조합을 통해 남성 노동자를 보호하고 여성과 어린이를 노동에서 배제하는 환경이 정착되었다. 남성은 기업에 들어가 성실히 일하면 안정된 수입을 가질 수 있었으며 일이 점차 숙련됨에 따라 수입이 늘어나는 노동환경이 확산되었다(이러한 현상이 많은 노동자에게 해당된 시기는 유럽과 미국은 제1차 세계대전과 제2차 세계대전 사이, 일본은 전후의 경제 고도성장기 이후다). 그 결과, 남성 혼자 가계를 떠받치는 구조가 정착되었다.

일본에서 가족경제기반의 안정성이 가장 큰 성공을 거둔 시기는 전후의 고도성장기부터 1990년대 전반기까지다. 당시의 실업률은 대단히 낮았다. 남성이 원하면 기업의 정규 사원으로서 종신 고용과 연공서열이라는 임금 관행하에 배우자와 자녀를 부양하며 풍족하게 살 수 있을 만큼의 수입을 가질 수 있었다. 특히 전후 일본은 농가나 소매업 등 소규모 자영업자를 보호하는 정책을 시행했기 때문에 가업에 종사하는 가족의 경제기반도 안정적이었다. 다시 말해 보통의 가족생활을 가능하게 하는 수입의 기반을 잃는 리스크가 억제되었다.

4) 복지사회: 근대I에서의 리스크 헤지

관습적 규범이 확립되고 가족경제기반이 상대적으로 안정적이더라도 가족에 관한 모든 리스크를 회피할 수는 없다. 질병이나 사고 등으로 인한 가족 상실과 이혼과 같은 스스로 규범을 파괴하는 데 따른 가족 상실의 리스크가 발생할 수 있다. 경제가 호조일 때도 실업이나 기업 도산은 있으며, 몸에 이상이 생겨 수입이나 가사 노동력이 일시적으로 사라지는 상황도 발생할 수 있다.

근대I에서는 가족 리스크가 발생할 경우 넓은 의미의 복지사회가 사람들이 생활기반 상실의 리스크에 처하지 않도록 지켜주었다. 여기서 복지국가가 아니라 복지사회라는 말을 사용한 것은 생활에 관한 각종 리스크로부터 사람들을 지켜주는 제도가 복지제도에 국한하지 않고 친족 집단, 지역,

기업, 그리고 시장경제 역시 그와 같은 기능을 수행할 수 있기 때문이다. 예스타 에스핑안데르센Gosta Esping-Andersen이 제기했듯이, 리스크를 회피하기 위해서 어떤 주체가 주된 역할을 할 것인지는 국가나 시대에 따라 달라진다(Esping-Andersen, 1999).

그는 일본을 보수주의 국가로 분류한다. 가족이 리스크 대처의 기능을 담당하는 것을 원칙으로 하기 때문이다. 그렇다고 가족이 모든 리스크를 담당하는 것은 아니다. 정부는 가족경제기반의 안정성을 위해 세제稅制를 이용하여 전업주부가 있는 가족을 우대하고 자영업자를 보호했다. 기업은 남성 사원에게 '생활급'을 주며 복지 후생을 정비했다. 또 시장에는 남성의 돌연사 리스크를 경제적으로 회피하는 생명보험이 보급되었다.

보수주의 레짐regime이라고 할 수 있는 일본에서도 가족이 포용할 수 없는 리스크는 정부가 대처했다. 이를테면 고령기의 국민에게 지급하는 연금 같은 사회보장제도, 보육원 운영, 생활보호, 모자가정 지원 등의 복지제도다. 정부는 이를 통해 가족 상실의 리스크(생활비를 벌어오는 남편의 사망)나 가족기능 부전(고령이 되거나 수입이 없는 상황)의 리스크를 억제했다.

여기서 자세히 설명할 수는 없지만, 가족 상실에 따른 정체성 상실의 리스크도 사실상 친족, 지역, 기업 사회 등이 많은 부분을 대처했다. 배우자를 찾지 못하는 리스크와 관련해서는 1980년경부터 '맞선'이 다양한 수준에서 기능을 발휘했다. 마찬가지로 재혼과 관련해서도 배우자를 잃은 사람에게 여러 방식으로 재혼 상대를 소개해 리스크를 억제했다. 즉, 느슨한 형태이기는 해도 개인을 '염려해 주는 존재'가 있었다. 그 결과 배우자가 있는 사람의 비율을 높이고 정체성 상실의 리스크를 회피할 수 있었다.

5) 근대I가족의 안정성

근대I에는 가족 규범에 대한 신뢰, 가족경제기반의 안정성에 대한 신뢰, 복지사회에 의한 리스크 대처 가능성에 대한 신뢰가 존재했다. 사람들은 가족을 안정된 존재로 의식했으며 가족 안에서 양육된 이후 스스로 가족을 형성했다. 따라서 정체성 위기나 생활상의 곤란에 빠질 확률이 낮았다. 만약 위기에 처하더라도 복지사회가 개입해 개인이 위험한 상태에 빠지지 않도록 막았다. 이 상황은 선진국을 본보기로 한 이념형이다. 특히 전후의 경제 고도성장기부터 1990년대 중엽까지의 일본 사회에 잘 들어맞았다.

4. 근대사회의 구조 전환과 가족 리스크의 변질

앞서 서술했듯이 유럽과 미국에서는 1980년경, 일본에서는 1990년대 후반기에 근대사회의 구조 전환이 일어났다. 이는 근대 원칙이 철저하게 작동해 초래된 현상이다. 근대II의 특징으로는 여러 가지를 들 수 있다. 그중 본론에서 중요한 특징으로는 첫째, 경제적인 자유가 확대된 것이다. 둘째, 글로벌화 또는 정보산업화와 더불어 사람들의 수입이 불안정하게(전망의 악화와 격차 확대) 되었다는 사실이다. 셋째, 개인화를 들 수 있는데, 자아실현이 강조되고 관습적 규범에 따르지 않을 자유가 확대되어 규범에 의한 통제력이 약화되었다는 점이다. 마지막으로 시장원리주의가 침투해 자기책임을 강조함으로써 선진국에서 복지사회의 후퇴가 야기된 것이다.

그 결과 가족 리스크가 커지고 동시에 리스크가 질적으로 변했다. 지금부터는 근대II의 각 특징과 관련해서 선진국 공통의 경향을 제시하고 일본의 상황을 사례로 들어 논지를 전개해본다.

1) 사회경제기반의 변화

새로운 경제는 가족경제기반을 불안정하게 만들었다. 1980년대를 시작으로 1990년대에 걸쳐 많은 선진국에서 수입 격차가 확대되었고, 시간제 근무 같은 비정규 고용이 늘어났다. 그 결과 남성들의 수입이 감소했으며 결과적으로 이러한 상태에서 벗어날 수 없는 리스크가 증대했다. 이에 따라 안정적이고 증대하는 남성의 수입을 전제로 수립된 성역할 분담형 가족이 생활기반을 상실할 리스크 역시 커졌다. 유럽과 미국(남유럽을 제외하고)에서는 부부가 함께 일해 감소한 수입을 보충하는 양상으로 가족 형태의 표준이 변했다. 하지만 여성의 수입이 불안정하고 양극화한 상태였기 때문에 경제기반 상실의 리스크를 충분히 회피할 수 없었다. 특히 유럽과 미국에서는 가난으로 생활이 곤란해지는 가족이 증가했다.

1990년대 후반 일본에서는 가족경제기반이 불안정해지는 현상이 뚜렷해졌다. 1997년 금융위기를 겪으면서 기업 도산이나 구조조정에 의해 정규직 남성의 실업이 증가했다. 더 나아가 1990년대에 진입하자 고용에 대한 규제가 완화되고 새로운 서비스업이 확대되었다. 이에 젊은층을 중심으로 계속고용의 보장이 없는 비정규직과 저수입 노동자가 대량으로 발생했다. 또 글로벌화와 유통에 대한 규제가 완화되는 상황에서 농업이나 소매업 등 소규모 자영업을 경영하기가 어려워졌다.

한편 여성의 취업 환경도 변했다. '고용균등법', '육아휴업법' 제정에 따라 일부 능력 있는 여성은 결혼이나 출산 후에도 고수입의 일을 계속할 수 있게 되었다. 그러나 한편으로는 젊은 여성층을 중심으로 직장이 불안정하고 수입이 저조한 비정규직으로 취업할 수밖에 없는 여성이 늘어났다.

그 결과 남성 혼자 돈을 버는 가족에게 생활기반 상실의 리스크가 커진 것은 물론이고, 부부가 함께 일하는 경우에도 이 같은 리스크에서 자유로

울 수 없게 되었다. 일본의 경우 중장년층 정규직 남성의 고용이나 수입은 비교적 유지된 편이나 젊은층이나 소규모 자영업자는 수입이 감소하고 일자리가 불안정해지는 리스크에 집중적으로 노출되었다. 즉, 가족 형성기에 놓여 있는 젊은층 가족에게 생활기반 상실의 리스크가 커졌다.

2) 관습적 규범의 약화

근대화 과정은 규범의 약화 과정이기도 하다. 근대화가 진행되면서 사람들은 합리성이나 자기 이익 또는 자아실현의 관점에 따라 전근대사회에 존재했던 관습적 규범을 계속해서 비판했다. 근대Ⅰ은, 지그문트 바우만이 말했듯이, 어떤 영역에서 특정 규범이 약화되더라도 다른 규범이 새롭게 만들어지는 시대였다(Bauman, 2000). 즉, 니클라스 루만이 말하는 '복잡성' 때문에 발생하는 불확실성을 완화하기 위해 사람들은 합의를 형성하는데, 이를 바탕으로 새로운 규범이 출현했다.

앞에서 언급했듯이 근대사회의 가족은 전근대사회의 종교에 근거한 전통적인 규범을 대신해 애정에 기반을 둔 규범을 가지고 있었다. 이를 바탕으로 사람들은 상대방이 어떻게 행동할 것인지 예측할 수 있었다. 이는 경제적으로는 '남편-일', '아내-가사'라는 성역할 분담이 형성되는 것과도 연계되어 있었다. 결혼하면 남편은 일을 해서 가족의 생계를 꾸리고, 아내는 가사를 돌보며 남편이 퇴직한 후로는 ― 이혼하지 않고 ― 함께 연금을 받아 살아가는 과정이 일반적으로 예정되어 있었다. 심리적으로는 '나를 염려하고 필요로 하는 상대방'이 확보되어 있었으며 가족적인 규범이 상대방을 이러한 기대에서 벗어나지 못하도록 억제하는 기능을 했다.

지그문트 바우만은 액상적 근대(Beck의 근대Ⅱ)에서는 이전의 규범이 새로운 규범을 만들어내지 못한 채 소실되는 사태가 일어난다고 강조했다.

앤서니 기든스는 근대가 심화하면 규범이 재귀성의 관점에서 점검을 받는 다고 말했다. 즉, 상대방이 장래에도 규범에 따라 행동해 줄 것인지가 확실 치 않은 상황이 도래한다고 주장했다.

이것을 가족 영역에 적용해보자. 근대I에서는 가족의 안정성이 '가족이 라면 애정이 자연스럽게 생긴다'는 규범에 의해 떠받쳐졌다. 그러나 앤서 니 기든스가 강조했듯이, 현재 두 사람 사이에 친밀성이 형성되어 있어도 그것이 계속된다는 보증은 없다. 근대I에서는 결혼을 하면 애정관계가 평 생 지속된다고 기대할 수 있었다. 그러나 현대사회에서는 항상 '헤어질 가 능성'에 대해 각오할 필요가 있다고 그는 강조한다(Giddens, 1992). 다시 말 해 '나를 염려하고 필요로 하는 존재'를 상실할 리스크를 각오해두라는 말 이다. 이것은 정체성을 보증해주는 존재인 가족에 대한 신뢰성이 저하한 것을 뜻한다. '서로 좋아서 한번 부부가 되었다면 애정이 지속되어야 한다', '이혼해서는 안 된다'와 같은 규범이 약화되고 '부부의 애정이 반드시 지속 되는 것은 아니다', '애정이 없어졌다면 이혼하는 것이 당연하다'와 같은 의 식이 강화되었다. 다시 말해 가족의 애정관계조차 리스크화했다.

가족의 애정에 관한 관습적 규범이 약화되는 정도는 관계마다 다르다. 적어도 일본에서는 부모와 자식 사이의 애정에 관한 규범은 건재하다. 물 론 자식을 버리거나 부모를 살해하는 사건이 발생하는 경우도 있지만 아직 은 '이상한 사건'으로 취급받는다. 이혼과 관련해서도 '자식을 위해서'라는 규범이 약화되지는 않았다(野田潤, 2006). 다만 부부와 관련해서는 상당 정 도 그 힘을 잃었다고 판단할 수 있다.

규범이 약화될 경우 관계를 유지하는 기반은 넓은 의미의 자기 이익('자 아실현'을 포함)이다. 이는 '애정을 느끼는 관계'에도 해당한다. 더 이상 애정 을 느끼지 않는다면 그 관계를 유지할 심리적 필요성이 사라진다. 이것은 앤서니 기든스가 말하는 "상대방과의 관계가 영속되지 않는 것에 대한 각오"를 필요로 한다. 이를테면 가족이라고 해도 내가 상대방을 싫어하거나 상대방이 나를 싫어할 수 있다. 이는 내가 상대방의 염려를 받을 수 없고, 마찬가지로 상대방에게 필요한 존재가 아니게 될 가능성이 열리는 것이다.

이것은 이혼, 자식·부모 유기 같은 현실적으로 가족을 상실하는 경우에 전형적으로 나타난다. 가정불화, 친자관계 단절같이 경제적인 생활은 함께 하지만 서로가 정체성의 대상이 되지 않는 경우도 포함한다. 이는 심리적으로 '정체성 확인의 준거로서 가족을 상실하는 것'을 의미한다.

이제 가족은 정체성을 보증하는 충분조건이 아니다. 이는 사람들에게 가족이 있더라도 정체성 상실의 리스크에 노출될 수 있다는 의식을 하게 만든다. 이 같은 의식 아래 사람들은 존재론적 불안을 느낄 수 있는 기회에 자주 노출된다. 이러한 상황에서 사람들은 자신이 상대방에게 필요한 존재 이고 상대방이 나를 염려해 주는지 상시적으로 점검할 수밖에 없다. 이는 리스크를 더욱 심화하고 결과적으로 악순환에 빠질 가능성이 커진다.

3) 자아실현 의식의 고양

근대사회가 발전하고 개인화가 심화할수록 자아실현 의식, 즉 자기가 원하는 대로 인생을 살고 싶은 의식이 강화한다. 규범에 의해 인생에 관한 자신의 선택이 제한되었던 시대에는 개인의 욕구가 억압되었다. 반면 규범 의 힘이 약화되자 욕구 자체는 긍정적으로 생각되었다. 이는 가족생활과 관련해서 자아실현이 큰 리스크에 노출됨을 의미한다. 자아실현의 내용에 는 가족이 자신이 생각하는 라이프스타일^{life style}에 맞춰 사는 일이 포함되 기 때문이다. 이것이 울리히 벡이 『위험사회』 제2부에서 다룬 주제였다.

가족생활에 필요한 상대방 역시 이상理想으로 생각하는 가족생활을 영위하려는 욕구를 가진다. 이것이 서로 일치한다는 보장은 없다. 예를 들어

내가 '남편-일, 아내-가사'라는 형태를 이상으로 삼더라도 상대방이 '부부가 함께 직장생활을 하는 것'을 이상으로 삼는다면 내가 욕구하는 바를 단념하거나 이혼하고 다른 상대방을 찾는 수밖에 없다. 이처럼 자신이 선호하는 가족 형태가 실현되기를 바라는 자아실현 의식이 리스크를 야기한다.

4) 가족 리스크 분배의 불평등

울리히 벡은, 근대 II 에서는 부의 분배보다 리스크 분배가 사회문제라고 말했다. 이는 가족의 영역에서도 예외가 아니다. 가족경제기반이 안정되고 가족에 대한 관습적 규범이 기능하던 시기에는 병이나 사고 등에 의한 가족 상실의 리스크가 대체로 무작위적인 분포 상태를 보였다.

그러나 근대 II 에서는 그렇지 않다. 개인의 경제력이나 매력 등 능력 요소에 따라 리스크에 빠질 확률이 높아지기도 하고 낮아지기도 한다. 예를 들이 현대 일본 사회는 미혼화未婚化하고 있는데 그중에서도 특히 저소득층 남성의 미혼율이 높다. 최근에는 이혼율이 상승하고 있는데, 우리가 실시한 이혼자 대상 조사에 따르면 '남자의 소득이 낮다'는 것이 주요 이혼 사유로 나타났으며 실제로 실업이나 사업 실패 때문에 이혼한 경우가 많았다. 물론 고소득층 남성 중에서도 이혼당하는 사람이 있고, 저소득층 남성 중에서도 이혼당하지 않고 잘 사는 사람이 있다. 그러나 남성이 가족 상실의 리스크에 빠질 확률은 분명히 경제력에 따라 차이가 난다. 이는 생활기반 상실의 리스크와 관련해서도 마찬가지다. 사회적인 능력이 높은 남편이나 아내가 있는 가족은 생활기반 상실의 리스크가 작고, 부부 모두 사회적인 능력이 낮다면 생활기반 상실의 리스크가 크다.

남성의 대부분이 정규직이고 가족 규범이 효과적으로 기능하던 시기에는 리스크에 빠질 확률이 작아서 수입 격차를 고려할 필요가 거의 없었다.

그러나 개인마다 능력(일하는 능력이나 매력 등), 처한 상황, 이용 가능한 자원이 다를 경우 리스크에 빠질 확률 역시 다르다. 또한 리스크에 빠질 경우 그 심각성에서도 차이가 난다. 이는 가족 리스크가 수입 격차에 따라 불평등하게 분배되고 있음을 의미한다.

5) 복지사회의 후퇴와 가족 리스크 회피의 양극화

가족이 실제 리스크에 처했을 경우에 상황이 심각하게 발전되지 않도록 막는 구조가 약화된 것도 근대 II의 특징이다. 먼저 기업, 지역사회, 친족 집단 등 중간 집단이 약화되었다. 글로벌화에 따라 경쟁이 심화하자 기업은 더 이상 잉여 인력을 안고 갈 수 없게 되었다. 게다가 성과주의가 보급되면서 평생 수입이 보장되기를 기대하는 일이 불가능해졌다.

사회가 풍족해지고 생활수준이 높아지면서 상호부조는 약화되었다. 모든 사람이 자신의 풍족한 생활을 유지하기 위해 사투하는 나머지 친족, 지역 주민 등 타인의 생활을 지원할 마음의 여유가 사라졌다. 정부나 지방자치단체도 재정상의 위기와 시장원리주의가 침투하면서 가족경제기반을 안정적으로 만드는 우대조치를 (완전히 없애지는 못하더라도) 축소하기 시작했는데, 의료 지원, 연금 같은 사회보장과 복지 활동이 후퇴했다.

즉, 생활기반 상실의 리스크에 빠질 경우 기능했던 구제 시스템이 약화되었다. 그 결과 생활기반 상실의 리스크에 빠졌을 때 개인이 대응하는 정도의 차이가 확대되었다. 질병이나 고령 등의 리스크를 대비하기 위해서는 사적 보험에 가입할 필요성이 커지는데, 이에 대한 비용을 부담할 능력이 있는 가족이 있는 한편 없는 가족이 있다. 다시 말해 리스크에 빠지더라도 충분히 대처할 수 있는 가족이 존재하는 반면, 리스크에 빠지면 생활이 파탄 나고 가족관계를 유지하는 데 지장이 생기는 가족이 등장했다.

5. 가족 리스크 증대의 결과

1) 증대하는 가족 리스크에 대한 대처 유형

앞서 말했듯이 근대Ⅱ에서는 '관습적 규범의 약화(개인화)'와 '경제기반의 변화(신新경제의 진전)'로 인해 가족 상실의 리스크와 생활기반 상실의 리스크가 커진다. '복지사회의 후퇴'로 인해 가족 리스크를 대처하는 사회적인 힘도 약화된다. 그 결과 개인이 가족 상실이나 가족기능 부전을 통해 정체성을 잃거나 생활 파탄에 처하는 리스크가 커진다.

가족 리스크가 증대하는 사태에 대해서는 대처 유형 세 가지를 생각해 볼 수 있다. 첫째는 리스크를 회피하는 대응이다. 둘째는 리스크를 미루는 대응이다. 셋째는 일본을 포함해 여러 국가에서 나타난 '소자화少子化 경향'으로 말할 수 있는데, 이것은 가족이 필요 없다는 대응이다.

2) 리스크 회피의 필요성과 한계

가족 리스크를 감소하기 위한 가장 우선의 대처법은 사전 대비다. 남성 한 사람의 수입으로 불안하다면 부부 모두 돈벌이에 나서야 한다. 가족(배우자, 부모, 자식)의 외면을 받지 않기 위해서는 의사소통을 적극적으로 도모하는 등 관계 유지를 위해 노력해야 한다. 만약의 경우 가족에게 외면을 당할 때 곤란에 빠지지 않도록 스스로 경제력, 매력이 있는 사람이 되기 위해 애써야 한다. 이 외에도 결혼을 못할 가능성에 대비해 자립할 준비를 하고, 노후에 사회보장으로 유지되는 기초생활 이상의 생활수준을 누리기 위해 사적 의료보험, 연금에 가입하거나 저축을 하는 등의 대응이 있다.

점점 더 심각해지는 각종 리스크를 회피할 수 있는 경제력 또는 매력을 가진 사람이 있는 반면 그렇지 못한 사람이 있다. 가족 리스크는 더 커지고 있는데 이것을 개인적으로 회피하는 일은 더 어려워지고 있다.

리스크를 회피할 수 없는 사람은 운에 따를 수밖에 없다. 그들은 언젠가는 결혼할 수 있다고 믿는다. 남편이 실업하거나 수입이 감소하는 일은 발생하지 않는다고 믿는다. 이혼은 없다고 믿으며 결혼생활을 영위한다. 자신이나 가족이 고령이 되면 개호 상태에 빠지지 않고 급작스럽게 사망한다고 믿는다. 이처럼 아무런 대비가 없었음에도 운 좋게 정체성 위기나 생활의 붕괴를 겪지 않고 생을 마칠 수도 있다.

메리 더글러스Mary Douglas가 주장하고 데버러 럽턴Deborah Lupton이 정리했듯이(Lupton, 1999), 리스크는 어디까지나 주관적인 의식에 불과하다는 입장을 현실에서 실천하는 사람이 있다. 그러나 아무런 대비 없이 살다가 결국에는 가족 리스크에 처해 생활이 붕괴하거나 정체성을 유지할 수 없는 경우가 생긴다. 이 경우에 사람들은 '내가 운이 나빴다'고 말하며 체념하는데, 이처럼 자신의 불운을 한탄하는 사람이 대량 발생하고 있는 것이 바로 우리 사회가 처한 현실이다.

3) 리스크 미루기와 그 한계

근대사회에서 리스크는 사람들의 주체적인 선택행위를 통해 발생한다. 예를 들어 직업을 선택해 직장을 가지면 기업 도산, 실업, 수입 감소 같은 리스크가 수반된다. 이때 취직하기를 미루면 선택의 결과로 발생하는 리스크 또한 발생하지 않는다. 마찬가지로 결혼을 하고 자식을 낳게 되면 이혼과 같은 가족 상실의 리스크나 생활하기에 충분한 수입이 없어 결과적으로 가족 간에 애정이 사라지는 가족기능 부전의 리스크에 처할 수 있다. 결혼을 하거나 자녀를 낳는 선택을 미루면 이 같은 리스크를 피할 수 있다.

미국이나 북서유럽에서는 성인이 되면 부모가 사는 곳을 떠나 자립하는 것이 일반적이다. 그들은 독립과 동시에 정체성 상실의 리스크나 생활기반 상실의 리스크에 노출된다. 따라서 그들은 결혼에 따른 리스크를 뒤로 미루는 것은 고려하지 않는다(자녀를 갖는 일에 따른 리스크를 피할 수는 있다).

일본에서는 결혼할 때까지 부모와 동거하는 경우가 많다. 부모와 동거하는 한 정체성이 확보되고(부모가 자신을 염려하며 필요로 한다고 느낄 가능성이 높고) 경제기반도 안정적이다(현재까지는 경제력이 안정된 중장년층 부모가 많다). 따라서 이를 통해 리스크와 조우하기를 미루는 선택이 가능하다. 이것이 일본 사회에 미혼화와 소자화가 진행되는 데 큰 원인을 차지한다.

뒤로 미루는 행위도 선택의 일종이다. 인간은 시간에 따라 나이 드는 존재이기 때문에 시간을 고려할 수밖에 없다. 결혼에 수반하는 리스크를 뒤로 미루는 동안 경제적인 지주이자 정체성의 대상인 부모가 쇠약하고 사망할 리스크(이는 리스크라기보다 확실한 위험이다)는 키셔산다.

4) 가족이 필요 없다는 대응: 가족의 공동화空洞化

마지막으로 가족이 필요 없다는 대응이 있을 수 있다. 이것은 가족이 보증하던 정체성이나 경제생활의 기능을 가족이 아니라 다른 대상을 통해 달성하려는 것이다.

앤서니 기든스가 『친밀성의 변용(The Transformation of Intimacy)』에서, 울리히 벡이 『상태화한 애정의 카오스(Das ganz normale Chaos der Liebe)』에서 전개했듯이, 정체성 대상과의 관계를 결혼이라는 법적·경제적인 관계와 무관한 차원에서 확보하고 유지하려는 움직임이 있다. 앤서니 기든스는 이를 "순수한 관계성"이라고 불렀는데, 이는 '언제 끝날지 모른다'는 각오가 필요한 관계이자 처음부터 리스크를 안고 있는 관계다. 정체성의 대상 자체가 의지를 가진 인간이고 이것의 영속을 보증하는 규범은 어디에도 없기 때문이다. 따라서 그 목적이 '가족을 유지하는 일'에서 '순수한 관계성 또는 애정관계를 유지하는 일'로 바뀐다. 이처럼 목적이 변하면, 울리히 벡이 말했듯이, 이제는 노력이 필요하게 되고 결국에는 리스크 회피가 필요하게 된다.

정체성의 대상('나를 염려하고 필요로 한다'는 느낌을 주는 대상)을 가족 또는 이를 대체하는 친밀한 관계가 아니라 다른 곳에서 구하는 대응도 있다. 우에노 치즈코上野千鶴子와 카시무라 아이코樫村愛子가 여러 경우를 분석한 결과, 그중에는 직업적인 활약을 통해 자신이 (사람들에게) 필요한 사람이라는 느낌을 얻는 사람이 있다(上野千鶴子, 1994; 樫村愛子, 2007). 전통적인 종교나 신흥 종교를 선택하는 사람도 있으며, 애완동물pet에게서 그와 같은 느낌을 구하는 사람도 늘고 있다. ─ 애완동물에 관련해서는 울리히 벡도 언급한 바 있고 필자도 조사 결과를 정리한 바 있다(山田昌弘, 2004) ─ 또한 취미나 사회관계망에서 구하는 사람도 있다. 하지만 이런 전략이 존재론적 안심감을 충분히 가져다주는지는 확실하지 않다.

유럽과 미국에서는 경제생활에 관한 것은 최종적으로 개인 책임이라는 의식이 확산되고 있다. 다만 자녀 양육에 관해서는 그 책임을 보호자에게만 전가할 수 없다고 생각해 양육 기간의 경제생활에 대해서는 보호자와 국가·사회가 함께 보장하는 방향을 모색하고 있다(Fineman, 1995).

이 같은 경향이 가족의 공동화다. 앤서니 기든스는 가족제도가 껍데기만 남아 있다고 말한 바 있으며, 울리히 벡은 가족을 좀비 카테고리(이미 죽었는데도 살아 있는 외관을 하고 있는 것)의 대표적인 사례로 들었다(Beck and Beck-Gernsheim, 2001). 사람들이 관심을 갖는 대상이 가족 자체가 아니라 가족이 보증했던 정체성이나 경제생활임이 분명해진다면 사람들은 더 이상 가족의 공동화를 신경 쓰지 않을 것이다.

이러한 양상이 이상적이라고 말하는 것이 아니다. 근대인이 가족 리스크에 처해 정체성 상실의 리스크와 경제기반 상실의 리스크를 직접적으로 대면할 수밖에 없게 될 것이라는 말이다.

5) 갈 길을 잃은 가족

현재 가족 리스크를 둘러싼 대응에서 사람들은 길을 잃고 있다. 근대사회는 가족을 통해 개인의 정체성 유지와 경제생활의 안정이 실현되면서 시작되었다. 그러나 근대사회의 원칙이 철저하게 작동하면서 가족 기반이 흔들리고 가족의 리스크화가 초래되었다. 그 결과 개인이 정체성 상실의 리스크, 생활기반 상실의 리스크에 노출되었다.

앞으로 사회는 어떤 방향으로 움직일까? 가족이 다시 안정되고 제 기능을 발휘해 근대 가족의 원리가 유지될까, 아니면 울리히 벡이나 앤서니 기든스가 예측하듯이 가족은 공동화하고 사람들은 정체성의 대상과 경제생활의 안정을 가족이 아니라 다른 곳에서 찾게 될까. 어느 쪽이든 가족을 둘러싼 개인의 리스크 상황은 당분간 혼미를 더해갈 것이 확실해 보인다.

참고문헌

上野千鶴子. 1994. 『近代家族の成立と終焉』. 岩波書店.

樫村愛子. 2007. 『ネオリベラリズムの精神分析: なぜ傳統や文化が求められるのか』. 光文社新書.

小島剛. 2006. 『科學技術とそのリスクの社會學』. 京都大學文學研究科博士論文.

野田潤. 2006. 「'夫婦の不仲は親子の不仲'か: 近代家族の情緒的關係についての語りの變容」. ≪家族社會學研究≫, 18卷, 1号, pp. 17~26.

山田昌弘. 1994. 『近代家族のゆくえ』. 新曜社.

_____. 2004. 『家族ペット』. サンマーク出版.

_____. 2005. 『迷走する家族: 戰後家族モデルの形成と解體』. 有斐閣.

Bauman, Zygmunt. 2000. *Liquid Modernity*. Polity Press.

Beck, Ulrich. 1986. *Risikogesellschaft: Auf dem Weg in eine andere Moderne*. Frankfurt am Main: Suhkamp.

Beck, Ulrich and Elisabeth Beck-Gernsheim. 1990. *Das ganz normale Chaos der Liebe*(tr. by Ritter Mark and Jane Weibel. 1995. *The normal Chaos of love*. Polity Press).

_____. 2001. *Individuaulization*. SAGE(tr. by Patrick Camiller. 2002. *Individualization*. Sage).

Boyne, Roy. 2003. *Risk*. Buckingham: Open University Press.

Esping-Andersen, Gosta. 1999. *Social Foundations of Postindustrial Economies*. Oxford University Press.

Fineman, Martha. 1995. *The Neutered Mother, The Sexual Family*. Routledge.

Giddens, Anthony. 1991. *Modernity and Self-Identity: Self and Society in the Late Modern Age*. Stanford University Press.

_____. 1992. *The Transformation of Intimacy*. Polity Press.

Lash, Scott. 2001. "Individualization in a non-linear mode." in Ulrich Beck and Elisabeth Beck-Gernsheim. 2001. *Individuaulization*. SAGE.

Luhmann, Niklas. 1991. *Soziologie des Risikos* . Walter de Gruyter(tr. by Rhodes Barrett. 2005. *Risk : A sociological Theory*. Aldine Transaction).

Lupton, Deborah. 1999. *Risk and Sociocultural Theory*. Cambridge University Press.

제 2 장

리스크 사회 속의 교육

사토 마나부 佐藤学

지금까지 일본 교육은 여러 차례 위기를 겪어왔다. 위기에 처할 때마다 사람들이 사용하는 말 중에 '교육 리스크'라는 말은 있었으나 '리스크 사회 속의 교육'이라는 단어는 없었다. 마찬가지로 일본의 아이들은 여전히 빈곤하거나 학대를 받고 있는 상황이지만 그들에 대해 '리스크 사회 속의 아이들'이라는 표현을 사용하지는 않는다. 현재 일본의 교육은 리스크를 파생하는 중심적인 영역이고 아이들은 리스크 사회의 한가운데에 살고 있다. 이런 사태가 발생한 이유는 무엇일까? 제2장은 교육 위기가 부상한 1980년대 중엽 이래 시행된 신자유주의 교육개혁이 초래한 교육 리스크 양상을 설명하고, 이것이 '동아시아형(型)'에 속하는 일본 고유의 교육 근대화에서 유래한다는 점을 밝힌다. 더 나아가, 오늘날 리스크 사회 속에서 교육을 기능 부전에 빠뜨린 요인으로 신자유주의 이데올로기와 정책이 교육과 관련된 다양한 이해관계인 사이의 신뢰를 무너뜨려 리스크를 빈발시키는 현상, 청년 노동시장의 붕괴와 빈부 격차로 인해 청소년에게 집중되는 교육 리스크를 지적한다. 그리고 마지막으로 이들 리스크를 극복하기 위한 학교개혁의 진망를 세시한다.

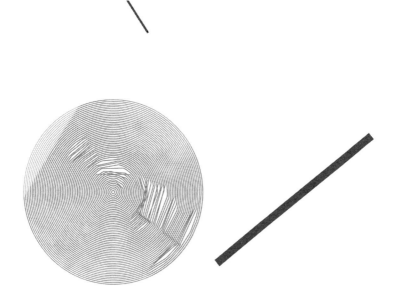

1. 리스크 사회의 도래

'리스크'라는 개념은 12세기에 십자군이 아라비아 숫자를 유럽으로 가져온 일을 계기로 유럽 사회에 등장했다고 전해진다. 이후 이 개념은 블레즈 파스칼Blaise Pascal이 확률이라는 수학 개념을 사용해 정의함으로써 명료해졌다. 이전까지는 리스크를 신이 정한 숙명으로 생각하며 인생의 부침浮沈으로 받아들였다. 그러나 이 같은 정의는 결과적으로 리스크를 도 아니면 모라는 '갬블링(도박)'으로 바꿔놓았다(Bernstein, 1996). '리스크(위기)'와 대립되는 개념은 '호기好機(좋은 기회)'라고 할 수 있는데, 사람이 살면서 자유를 추구하는 한 리스크와 만나는 일은 불가피하다.

인생이 갬블링화했다고 해서 그 사회가 곧 '리스크 사회'인 것은 아니다. 갬블링에서 리스크와 호기는 동전의 앞면과 뒷면이라고 할 수 있다. 이처럼 인생도 리스크와 호기 사이에 균형이 잡혀 있다면 이를 '리스크 사회'라고 부를 수 없다. 또한 인생에 관한 모든 책임을 당사자에게 귀속하는 일이 가능하다면 이 사회는 리스크 사회가 아니라 자유로운 사회라고 할 수 있다. 리스크 사회란 사람들이 갬블링과 같은 삶을 살도록 강요받아 삶이 호기로 인해 행복할 확률보다는 리스크에 의해 불행할 확률이 높으며 불행의 책임을 모두 당사자에게 귀속할 수 없는 사회를 가리킨다.

이같이 '리스크'와 '리스크 사회'를 정의할 경우 바로 현대 일본의 교육이 리스크 사회에 편입되어 여러 리스크에 위협받고 있는 상태라고 말할 수 있다. 지난 20년 동안 교육에 관한 연설마다 언급된 '위기'가 사람들에게 커다란 불안감과 초조한 느낌을 일으킨 것은 다름 아닌 교육이 리스크 사회 속에 내던져지면서 그 내부에서 많은 리스크를 감당할 것을 강요받았기 때문이다.

2. 리스크 사회의 배경

1) 배경의 구도

교육을 리스크 또는 위기라고 말하게 된 시기는 전국에 있는 중학교에 학교 폭력의 태풍이 몰아친 1980년경부터다. 이후 도처에서 등교 거부, 가정 폭력, 비행소년, 왕따, 교실 붕괴 등이 발생해 교육이 위기에 처했다는 목소리가 커졌다. 그 결과 학교가 리스크 발생의 중심 장소 중의 하나로 인식되기에 이르렀다. 1980년대 이전의 교육은 '리스크'로 언급되기보다는 '호기'로 언급되고 있었다. 1980년을 전후로 교육에 관한 연설이 '호기'에서 '리스크'로 바뀐 것은 무슨 까닭일까?

1980년 전후는 교육 근대화가 종언을 맞은 시기다. 1872년 시행된 학제 學制 이래 일관되게 급상승한 진학률은 1980년 후기 중등교육(고등학교)에서 93%, 고등교육(대학·단대)에서 37%를 달성했으며 이후 횡보 양상으로 바뀌었다. 1980년대 후반부터 고등교육 진학률은 다시 상승해 50%를 넘어섰는데, 이 현상은 청년 노동시장의 붕괴와 연관된다. 그러나 메이지 시대 이래 진학률이 급상승한 현상은 1980년을 전후로 종언을 고했다.

진학률 급상승(필자는 이를 '압축된 근대화 compressed modernization'라고 부른다) 현상은 일본의 교육을 본보기 삼아 근대화를 달성한 동아시아 나라의 특징이다. 예컨대 의무교육(초등교육) 취학률은 러일전쟁이 끝난 1905년경 90%를 초과하는데, 이는 유럽과 미국을 능가한 수치다. 일본이 근대 학교의 본보기로 삼았던 미국에서 모든 주가 의무교육을 제도화한 시기가 1920년경이었다는 것을 생각해보면 일본의 의무교육 보급이 얼마나 앞섰는지를 알 수 있다. '압축된 근대화'는 전후에도 일관되게 진행되었다. 앞에서 일본이 1980년에 고교 진학률 93%, 대학·단대 진학률 37%를 달성했다고 했는데,

당시 유럽에서는 어느 나라나 고교全日制 진학률이 70% 정도였고 대학 진학률은 10%대였다. 미국의 진학률은 수치상으로는 일본을 앞섰지만 실제로 20%를 넘어서는 고교생이 중도에 퇴학하고 있었기 때문에 실질적으로는 일본이 미국을 앞서고 있었다.

'압축된 근대화'의 비밀은 경쟁 교육이다. 획일적인 평등에 의한 경쟁 교육은 사회적 이동을 열망하는 국민들의 에너지를 고조시켰다. 유럽과 미국보다는 '4민 평등'하에 인종과 계급 구분이 느슨했던 일본에서 교육을 통한 사회적 이동을 추구하는 흐름이 더욱 강력하게 전개되었다. 이 같은 상황에서 피라미드형 학력 사회, 초등학교부터 시작되는 수험 경쟁 등이 탄생했다.

교육을 통해 누구나 사회적으로 이동할 수 있다는 것은 신화다. 이 신화를 기반으로 한 '갬블링'은 산업화가 급속히 진전하고 진학률이 급격히 상승하는 동안에는 유효했다. 실제로 1980년대에는 국민 대부분이 부모 세대보다 수준 높은 교육을 받았고 부모의 사회적·경제적 지위보다 높은 지위를 획득했다. '압축된 근대화'는 교육을 사회적 이동을 가능하게 하는 갬블링으로 기능하게 만들었다. 설사 사회적 이동이 환상으로 끝을 맺을지라도 많은 '호기'를 제공해 국민들의 에너지를 폭발시켰다. 일찍이 일본의 아이들이 세계에서 가장 부지런히 공부했으며 학교가 절대적인 신뢰를 얻고 교사가 존경을 받았던 것은 부분적이더라도 교육을 통해 사회적 이동의 신화가 실현되었기 때문이다.

산업화와 교육 보급에서 '압축된 근대화'가 정점에 달하자 갬블링 양상이 반전되었다. 실제로 교육을 통해 성공하는 사람은 일부로 한정되었으며 많은 사람이 전락轉落해 교육이라는 갬블링은 호기보다는 리스크로 경험되기에 이르렀다. 결과적으로 이 같은 현상에서 발생하는 질식감과 르상티망 ressentiment[1]이 교육의 위기를 만들어내는 시대에 우리는 놓이게 되었다.

2) 호기에서 리스크로

아이들에 관한 가장 큰 리스크가 배우는 것에서 도망가는 것이다. 초등학교 고학년 무렵을 기점으로 배우기를 계속하는 일부 아이들과 배우는 것에서 도망가는 다수의 아이들로 나눠졌다. 그 결과 일본 아이들의 방과 후 학습시간은 세계 최저 수준으로 전락했다. 2013년 현재 중학생의 약 30%, 고교생의 약 40%가 방과 후에 공부를 전혀 하지 않고, 한 달에 책 한 권을 읽지 않는 중고생이 거의 60%에 달한다. 일찍이 세계 제일이라고 평가받았던 면학 의욕이 무너졌고 학교생활은 리스크로 가득한 곳이 되었다. 이 같은 현실에 불안과 불만이 쌓인 부모와 시민들은 학교와 교사 때리기를 계속하고 있다. 즉, 일본의 학교 신화가 붕괴되었다(佐藤学, 2000).

또 하나 등장한 리스크는 청년 노동시장의 붕괴다. 일본에서는 특히 글로벌화와 함께 진행된 산업사회에서 포스트 산업사회로의 이행이 거품경제 붕괴와 동시에 이루어졌다. 이 때문에 생산업에 필요한 단순노동의 수요가 격감해 청년 노동시장이 해체되었다. 그 결과 프리터가 대량으로 발생하는 상황이 발생했다. 이는 과격한 변화였다. 고졸자 구인 규모가 1992년에 165만 명이었던 것이 2002년에는 15만 명으로 격감해 불과 10년 만에 고졸자 노동시장의 90%가 소멸했다.

산업사회의 노동시장은 일부의 지적·창조적 노동과 다수의 단순노동으로 구성되는 피라미드 형태다. 그러나 글로벌화한 포스트 산업사회에 진입하자 해외 저임금 노동시장에서 단순노동을 위한 노동력을 조달하는 일이 가능해져 기존의 피라미드 구조가 무너지기 시작했다. 이 같은 사태에 대

---

1 [옮긴이] 르상티망: 원한, 증오를 뜻하는 프리드리히 니체의 용어. 강자에 대한 복수심으로 약자의 마음이 울적한 상태를 뜻한다.

응하기 위해서는 모든 아이에게 수준 높은 교양교육을 제공하고 평생교육의 의지를 함양시키며, 이를 보장하는 교육 시스템을 구축할 필요가 있었다. 그러나 '학력 저하'를 둘러싼 논의와 '기초학력 중시'에 관한 대책에서 알 수 있듯이 일본의 교육개혁이 시대에 역행하는 방향을 택해 교육에 의한 리스크가 더욱 확대되는 결과를 가져왔다.

고용정책의 전환도 청소년 리스크를 확대했다. 1990년대 '일본형 시스템'을 떠받치던 종신 고용제가 무너진 이후 고용 형태가 종신 고용, 임기제 고용, 시간제 고용 등으로 분화되었다. 그 결과 1995년부터 2006년까지 약 10년 동안 정규직은 439만 명이 감소하고, 비정규직은 662만 명이 증가했다. 청년층의 과반수가 비정규직으로 전락했는데, 이들의 임금은 정규직 임금의 약 60% 수준이었다(≪아사히신문≫ 2006년 5월 31일~6월 3일 참조).

2013년 현재 고졸자의 1/3, 대졸자의 1/4이 취업 후 3년 이내에 이직하고 있다. 청년 노동시장의 유동화는 정규직 노동의 가중加重과 비정규직 임금의 감소를 일으킨다. 또한 프리터의 절반 정도가 주 5일 이상 일하고 있다는 사실에 유의해야 한다. 이처럼 고용 환경에서도 교육과 마찬가지로 '승자'와 '패자'를 엄격히 구별하는 갬블링 양상이 드러나는데, 역시나 호기보다는 리스크라는 주사위 눈이 나올 확률이 훨씬 크다.

교육과 고용 환경의 급격한 변화로 인해 지금까지 억압과 착취에 의해 소외되었던 사람이 억압과 착취 이상으로 소외의 정치에 편입되고 있다. 소외의 정치는 곧 포섭inclusion과 배제exclusion의 정치다. 유럽의 어느 사회철학자는 "억압과 착취로 학대받았던 예전의 노동자는 인간으로 인정받고 있었던 만큼 오히려 나았다. 오늘날 사회에서 배제된 사람은 인간으로서의 존재 그 자체가 위협받고 있다"라고 말했다. 이제 리스크 사회에서의 교육과 고용의 갬블링은 인간의 존엄이 달린 포섭과 배제라는 서바이벌 게임으로 전개되고 있다.

3. 신자유주의 이데올로기와 정책

복지국가형 사회가 시장원리주의 사회로 전환되면서 리스크 사회가 출현했다. 교육 영역에서는 교육 자유화를 표방한 임시교육심의회臨時敎育審議會의 설립(1984년)을 계기로 신자유주의 시책이 추진되었다. 이후 교육개혁은 수익자(소비자) 또는 납세자의 자유로운 선택을 통해 시장 경쟁을 촉진한다는 논리를 바탕으로 추진되었다. 1971년 문부성이 발표한 「46 답신」의 '교육 확충에 관한 종합정비계획'이라는 제목에서 알 수 있듯이, 전후 문부성의 기본 교육정책은 교육의 양적 확충과 기회 균등의 실현이었다. 그러나 임시교육심의회는 이 전제를 근본적으로 뒤엎었다. 그들은 공교육을 국가 통제에서 시장 경쟁에 의한 통제 아래로 옮기는 개혁을 선언했다.

복지국가 정책에서 방향 전환을 꾀한 임시교육심의회가 신자유주의 정책의 제1기에 해당된다면 제2기는 경제동우회經濟同友會가 「21세기의 학교 구상」을 제안한 1995년부터의 개혁이다. 1995년 경제동우회는 21세기 학교의 비전으로「학교學校에서 합교合校로」라는 제목의 보고서를 공표했는데, 이를 통해 공립학교의 기능을 1/3로 줄이고 2/3의 기능을 민영화하는 개혁안을 제시했다. 이 보고서는 학교의 기능을 읽기·쓰기·셈하기와 국민도덕을 가르치는 '기초 교실', 사회과학·자연과학·예술을 가르치는 '자유교실', 클럽 활동·스포츠·합숙 여행 등을 체험하는 '체험교실'로 나누자고 제시했다. 그리고 '기초교실'을 문부성과 교육위원회의 관할로 하고 '자유교실'은 민간의 학원이나 교육산업에, '체험교실'은 지역의 민간 스포츠 시설, 여행회사, 자원봉사자 등에게 맡겨 부모와 아이들의 자유로운 선택에 따른 개성 있는 교육을 실현하는 시스템을 구축하자고 제언했다.

경제동우회가 합교론을 발표한 당일 당시 문부대신이었던 요사노 가오루与謝野馨는 '전면적인 지지'를 표명했고 다음날에는 당시 중앙교육심의회

회장을 맡았던 아리마 아키토有馬朗人 역시 동조의 뜻을 표했다. 반년 후에
는 요코야마 에이치橫山英— 일교조日敎組 위원장까지 '왕따'나 '등교 거부' 문
제의 해결을 위한다는 명목으로 찬성의 뜻을 표했다. 이로써 신자유주의
정책에 따라 '공교육 축소'를 추진하는 교육개혁을 위한 익찬체제翼贊體制가
수립되었다.

이후 공교육 축소(사사화私事化와 민영화)가 교육개혁의 중심이 되었다.
당시 오부치 게이조小淵惠三 수상이 조직한 21세기 일본의 구상 간담회에서
는 제5분과회가 교육개혁 분야를 담당했다. 이 분과회는 교육을 '국가를
위한 교육'과 '국민을 위한 교육'으로 나눈 다음 전자를 국익 중심의 공교육
으로 재편하고 후자를 민영화하는 축소론을 제창했다. 나중에 학력 저하의
원흉으로 비판받았던 '교육 내용 분량 30% 삭감'은 사실 '여유로운 교육'이
아니라 '공교육 축소'를 목적으로 정책화되고 실시되었다.

신자유주의에 따른 교육개혁의 세 번째 단계는 2001년 고이즈미 준이치
로小泉純一郎 수상이 등장하면서 시작되었으며 현재 아베 신조安倍晋三 수상이
그 노선을 계승하고 있다. 핵심 내용은 교육 시스템과 그것의 경영에 철저
한 시장경쟁원리 도입, 학교선택제 도입, 차터 스쿨charter school 도입 적극
검토, 교육특구 설치를 통해 규제 완화와 민영화 추진, 의무교육비 국고부
담제 재검토, 교육위원회 제도 재검토, 수준별 반 편성 도입, 전국학력테스
트 실시, 교원고사제도 재검토, 도도부현都道府縣의 교육행정을 중심으로 시
장경쟁원리를 도입해 공교육 민영화하기 등이다.

고이즈미 준이치로 수상 취임 후 이 같은 교육상의 신자유주의 정책은
이데올로기 또는 이념에 관한 논의와 구상의 단계를 넘어 현실화 단계에
돌입했다. 일명 고이즈미 개혁이 개시된 2001년 이후 2년 만에 초등학교에
서는 73%가, 중학교에서는 67%가 수준별 반 편성을 도입했다. 또한 불과
5년 만에 287개 지방자치단체(전체의 8%)가 학교선택제를 도입했다.

고이즈미 준이치로 수상과 아베 신조 수상의 신자유주의·신보수주의 교육개혁으로 인해 일본의 공교육 제도 자체가 심각한 위기에 빠졌다. 전후 일본의 공교육 제도는 세 개의 기둥이 떠받치고 있다. 첫째는, 헌법의 평화주의·민주주의·평등주의를 구체화한 '교육기본법'이 중심이 된 법률 시스템이다. 둘째는, 정치를 벗어난 교육의 자율성과 지방분권을 중심으로 한 민주적인 통제에 따른 교육위원회 제도 같은 행정 시스템이다. 셋째는, 교육의 기회균등을 보장하는 의무교육비 국고부담제 같은 재정 시스템이다. 고이즈미 준이치로 수상 이래 세 기둥이 모두 해체될 위기에 빠졌으며 공립학교가 근본부터 흔들려 붕괴될 위험에 처해 있다.

4. 리스크의 여러 양상

1) 공동성共同性의 위기와 신뢰의 붕괴

신자유주의 이데올로기와 정책은 공교육 시스템의 근저를 흔들고 학생, 교사, 부모, 교육위원회 사이의 신뢰관계를 위기로 내몰았다. 신자유주의 이데올로기는 자율적이고 합리적인 개인을 전제로 한다. 더 정확하게 말하면, 마거릿 대처Margaret Thatcher가 수상에 취임할 때 "사회는 존재하지 않는다. 존재하는 것은 개인들뿐"이라고 선언했듯이, 신자유주의가 상정하고 있는 것은 오직 자기 이익을 중심으로 합리적으로 행동하는 개인이다.

신자유주의는 사회 개선을 목적으로 행동하는 사람, 타인의 행복을 위해 헌신하는 사람, 동료와 협력하는 사람, 타인의 원조를 필요로 하는 사람, 타인 없이는 살아갈 수 없는 사람 등을 그 전제에서 배제한다. 또한, 자율적인 개인의 자유로운 선택을 통한 경쟁과 시장원리를 따른 통제 외에는 일체의 행동이나 원리를 인정하지 않는다. 가령 어느 사회에서 잘못된 일이 발생해 개인이 불행에 빠지더라도 그 책임은 스스로 그러한 인생을 선택한 당사자에게 있는 것으로 간주한다. 신자유주의가 이 같은 강렬한 사회 불신, 정치 불신, 인간 불신의 허무주의를 내포하고 있다는 사실은 신자유주의 신봉자의 다수가 좌익에서의 전향자라는 사실과 무관하지 않다.

신자유주의 이데올로기와 정책은 인생을 갬블링으로 변환시키고 전락 또는 배제의 공포와 불안감을 조장한다. 또한 협력과 연대의 기반을 잘라내고 이기주의와 부족주의tribalism를 촉진한다. 카운슬링counseling 이 유행하는 것에서 알 수 있듯이 교육 현장의 위기적 현상은 대단히 개인적이며 심리적인 성격을 띤다. 수준별 지도나 학교 선택의 보급에서 알 수 있듯이 사람들은 동족 의식에 사로잡힌 부족주의에 빠지도록 요구받는다. 이를테면 미국에서 차터 스쿨이 확대된 원인에는 인종·종교 또는 계급의 동일성을 추구하는 부모의 부족주의가 존재한다.

신자유주의 이데올로기와 정책은 교육의 응답 책임responsibility을 설명 책임accountability으로 전환시켰다. 이는 지금까지 책임으로 수행되었던 교육을 서비스로 변용시키는 결과를 가져왔다.

이 전환과 변용에 의해 가장 심각한 피해를 입은 대상은 교사와 학부모다. 교사와 학부모 관계가 서비스 제공자와 서비스 향수자라는 일방적인 관계로 변하면서 이들 사이에 불만과 불신이 생겨났다. 이 같은 상황에서 교육위원회는 납세자인 학부모의 불만과 요구는 적극적으로 수용하는 반면 학교와 교사에 대해서는 관료적인 평가를 시행하고 통제를 강화했다. 오늘날 지역 교육위원회는 학부모와 시민의 고충 처리로 바쁘며 교장과 교사는 설명 책임을 준비하는 일로 바쁘다.

학부모와 학부모, 학부모와 교사, 교사와 교사, 교장과 교사, 교장과 교장, 교장과 교육위원회, 교사와 교육위원회, 학부모와 교육위원회 사이의 신뢰는 모두 붕괴하고 있다. 그 결과 수치 목표에 의한 경영과 평가, 학력 테스트에 의한 목표와 평가, 수치에 의한 교원 평가 같은 것이 학교를 지배하게 되었으며 사람들은 이제 수치로 표현된 것만 신뢰할 수 있게 되었다. 이러한 교육계의 상호 불신적인 구조 속에서 희생되고 있는 존재가 청소년이라는 사실은 말할 필요도 없다.

교육이 과연 서비스일까? 그렇지 않다. 교육은 납세자 또는 수익자에 대한 서비스가 아니고 청소년의 장래와 지역사회의 미래에 대한 책임이다. 교육은 지역사회의 책임이고 전문가로서 교사의 책임이며 보호자로서 학부모의 책임이다. 이 책임을 지역, 학교, 학부모, 교사, 교육위원회가 공유하지 않는다면 학교는 충분한 기능을 발휘할 수 없다. 이 같은 상황에서 청소년은 올바르게 교육받으며 성장할 수 없다. 신자유주의 이데올로기와 정책에 의해 교육 영역 전반에서 신뢰가 붕괴되고 있는 현상은 오늘날의 학교가 처한 가장 심각한 위기다.

최근 20년 동안 교육정책과 교육개혁에서 맹위를 떨쳤던 신자유주의는 붕괴되고 있다. 신자유주의 정책을 추진해온 많은 국가가 경제 정체와 사회 붕괴에 처해 있다는 사실이 이를 뒷받침한다. 신자유주의 이데올로기와 정책은 사람 사이의 신뢰관계를 해체하고 자본주의경제와 시민사회를 그 내부에서부터 허물고 있다. 신뢰 없이는 자본주의경제와 시민사회가 하루도 존속할 수 없다는 사실을 명심해야 한다. 이는 교육 영역에서도 마찬가지다.

그런 의미에서 신자유주의 이데올로기가 침투한 사회는 문자 그대로 리스크 사회라고 해도 무방하다. 사람 사이의 신뢰가 무너지고 개인이 고립된 채 자기결정과 자기책임에 따른 경쟁을 강요받는 사회에서는 자유로운 선택이 사람들의 삶을 도 아니면 모라는 '갬블링'으로 인도한다. 이 상황에서는 대다수가 호기보다는 리스크를 떠맡는다.

2) 빈곤이라는 리스크

리스크 사회를 살고 있는 청소년에게 가장 심각한 문제가 빈곤의 확대다. 2006년 1월 3일 ≪아사히신문≫ 1면 톱에 게재된 "전국 12.8%의 아동과 학생이 취학원조就學援助를 수급, 도쿄·오사카는 30% 약弱"이라는 제목의 기사를 보면 취학 아동의 빈곤이 얼마나 심각해졌는지 알 수 있다. 전국에서 수급률이 가장 높은 곳은 오사카로 27.9%에 달했다. 그다음으로 높은 곳은 도쿄로 24.8%였는데 그중 아다치足立 구는 40%를 초과했다.

이 기사를 정확하게 이해하기 위해서는 약간의 설명이 필요하다. 1956년 취학원조제도가 국법으로 성립되었다. 이 법률에는 "경제적인 이유로 취학이 곤란한 아동과 학생을 대상으로 학용품 지급 같은 취학 장려 행위를 시행하는 지방공공단체에게는 국가가 필요한 원조를 제공한다"라고 규정되어 있다. 이 법률에 따라 모든 도도부현에서는 통상 연수입이 생활보호기준의 1.1배 이하인 가정을 기준으로 대상자를 선정해 급식비나 수학여행비 등을 지원하는 제도를 실시해왔다.

학령아동과 학생에 대한 취학원조의 실태를 이해하기 위해서는 먼저 다음 세 가지 사항을 인식할 필요가 있다. 첫째, 시정촌市町村에 따라 취학원조 대상이 되는 기준이 들쑥날쑥하다는 점이다. 통상적으로는 생활보호기준 1.1배 이하의 연수입을 기준으로 삼고 있지만 실제로 적용하는 일은 시정촌의 재정 상황에 따라 다르다.

둘째, 대상자에게 제도의 존재가 얼마나 알려져 있는지에 관한 문제다. ≪아사히신문≫이 보도한 기초 자료에 따르면 오사카와 도쿄의 취학원조 수급률이 돌출적으로 높은 반면 최저 수치 4.0%를 나타낸 시즈오카静岡 현을 포함한 지방의 현은 수급률이 한 자리 수에 머물러 있다. 이 수치는 각 지역에 있는 빈곤 아동 비율의 차이를 나타내기보다는 지방공공단체가 이

제도를 대상자에게 얼마나 홍보하고 있는지의 차이를 나타낸다. 취학원조 제도의 운영이 지방공공단체의 재정에 크게 의존하고 있기 때문이다.

셋째, 이 제도가 최근 들어 변화를 겪었다는 사실이다. 2005년 일본은 생활보호법이 정하는 요보호자person requiring protection에 준하는 자에 대한 취학원조 보조금을 일반재원으로 취급해 지방교부세로 돌리고, 국가보조 대상을 요보호자(생활보호 수급자)로 한정했다. 이로써 보조금 예산이 71억 엔에서 5억 엔으로 대폭 삭감되었다. 이 개혁에 따라 준準 요보호자에 대한 취학보조는 지방공공단체가 담당하고, 시정촌은 재정 상황에 따라 기준을 정해 학용품, 통학용품, 수학여행비, 급식비 등을 지원하고 있다. 다시 말해 ≪아사히신문≫은 '전국 12.8%의 아동과 학생이 취학원조를 수급'이라고 보도했으나 실제로는 빈곤 상황이 더 심각할 가능성이 높다.

이 같은 현실을 시사하는 것이 2005년에 공표된 경제협력개발기구OECD: Organization for Economic Cooperation and Development 빈곤율 조사 결과다. 이 조사는 연수입이 전체 세대의 평균 연수입 절반 이하인 세대를 빈곤세대로 규정하고 각국의 빈곤세대 비율(상대 빈곤율)과 비교한 것이다. 결과에 따르면 일본의 상대 빈곤율은 15.3%에 달하는데, 이는 OECD 가맹국 중에서 상대 빈곤율이 높은 상위 다섯 개 국가에 속해 많은 사람을 놀라게 했다. 최근까지 일본은 빈부 격차가 세계에서 가장 작은 나라 중에 하나로 알려져 있었다. 그러나 현재는 터키, 멕시코, 미국, 아일랜드와 함께 세계에서 빈부 격차가 가장 큰 나라로 변했다(OECD, 2005).[2]

이 같은 변화가 학교생활의 리스크를 유발하는 것은 확실하다. 일본의 교실을 방문하는 사람 중에 아이들이 미국에 필적하는 빈곤율로 고통받고

---

2 청소년 빈곤의 현실과 이에 대한 교사의 대응에 관해서는 岩川直樹·伊田廣行(2007)를 참고했다.

있다는 것을 과연 누가 상상할 수 있겠는가? 미국의 교실을 관찰하고 있으면 아이들의 빈곤 현실이 일목요연하게 눈에 들어온다. 반면 일본의 교실에서는 아이들이 똑같은 옷차림을 하고 동일한 언어를 쓰고 있기 때문에 빈곤을 눈으로 확인할 수 없다. 날마다 아이들을 접하는 교사조차 학생들의 빈곤 실태를 정확하게 인식하지 못한다. 교사 연수입의 1/4 이하 수준에 미치는 수입으로 생활하고 있는 세대의 자녀가 교실의 30% 이상을 차지한다. 특히나 도시에서는 이 비율이 40~50%에 달하는 상황이라는 점을 더욱 현실적으로 인식해야 한다.

유복하게 살고 있는 아이에게도 빈곤 리스크는 남의 일이 아니다. 예를 들어 현재 일류 기업에 종사하는 아버지가 벌어들이는 수입으로 유복한 생활을 하고 있더라도 아버지가 구조조정을 당할 경우 단번에 빈곤세대로 전락할 수 있다. 아버지가 의사로서 많은 돈을 벌더라도 그가 만약 병으로 쓰러질 경우 역시 해당 세대는 순식간에 빈곤세대로 전락한다.

아이들의 빈곤과 관련해 현재 가장 심각한 문제는 이혼율 증가 현상이다. 일찍이 일본은, 가톨릭 율법에 의해 이혼율이 낮은 이탈리아와 함께 세계에서 이혼율이 가장 낮은 나라로 알려져 있었다. 그러나 최근에는 매년 75만 쌍이 결혼하고 26만 쌍이 이혼하는 상황을 이어가고 있다. 이는 높은 이혼율을 보이는 프랑스나 독일과 어깨를 나란히 할 정도다. 게다가 최근에는 학령아동을 둔 세대의 이혼율이 상승하고 있다.

부모의 이혼은 자녀에게 정신적·정서적 피해를 입히는 것에서 끝나지 않고 어머니와 자녀를 심각한 빈곤생활에 빠뜨린다. 이혼한 어머니가 일을 시작할 경우 그녀가 얻을 수 있는 수입은 계속해서 일해온 같은 연령대 여성이 얻는 수입의 1/3 수준밖에 되지 않는다. 즉, 이혼과 모자母子의 빈곤은 서로 이웃하고 있다.

3) 생명선生命線으로서의 교육

또 다른 중요한 정보에 주목해야 한다. 바로 가정에서 교육비 부담이 증가하고 있다는 사실이다. 자녀를 대학까지 보낼 경우 일본은 교육비 부담이 세계에서 가장 큰 나라가 되었다. 일본 교육 시스템의 특징은 유치원, 고등학교, 대학이 사립私立에 의존한다는 점이다. 유치원은 약 80%, 고등학교는 약 40%, 대학·단대는 약 80%가 사립이다. 유럽에서는 케임브리지 대학과 옥스퍼드 대학을 제외한 대학 대부분이 국립이고, 유치원부터 대학까지 대부분 공립이다. 또 유럽의 대학은 무상 교육을 원칙으로 하고 있다.

미국의 경우 초등학교와 고등학교의 약 30%가 사립이지만 대부분이 가톨릭을 중심으로 한 교회에서 세운 종교학교로 교육비 부담이 크지 않다. 또 유명 사립대학이 적지 않게 존재하지만 대학생의 80%는 주립대학에 다니기 때문에 일본만큼 교육비 부담이 크지 않다. 즉, 유럽과 미국 등 여러 국가와 비교해보면 일본 가정의 교육비 부담은 이상할 정도로 크다.

교육은 사람이 자립하고 사회가 존속하기 위한 생명선이다. 우리는 교육을 물이나 공기에 비유할 수 있다. 만약 물이나 공기가 오염되어 고액의 돈을 주고 살 수밖에 없는 상황이라면 어떻게 될까? 이 같은 사태가 교육에서 발생하고 있다는 사실을 우리는 인식해야만 한다.

생명선으로서의 교육이 붕괴하고 있는 현실을 나타내는 실례로 2006년 10월 국민생활금융공고國民生活金融公庫 종합연구소가 발표한 「가계의 교육비 부담 실태조사 결과」를 말할 수 있다. 조사 결과에 따르면 연수입이 200만 엔 이상, 400만 엔 미만 세대의 경우 연수입에서 재학 비용이 차지하는 비율은 절반에 가까운 49.2%에 달한다. 한편 연수입이 900만 엔 이상인 풍족한 세대는 21.6%의 수치를 보였다(國民生活金融公庫 總合研究所, 2006). 또 연수입 200만 엔 이하 세대를 포함한 빈곤세대의 교육비 지출이 가계의

60%에 달한다는 조사 결과도 있다.

가난한 세대일수록 가계에서 교육비가 차지하는 비율이 높다. 빈곤세대는 식비나 주거비 걱정을 해야 하는 상황에서도 가계의 절반을 교육비로 지출하고 있다. 가난하면 가난할수록 교육은 생명선이다. 교육 외에는 자녀의 행복을 실현할 방도가 없기 때문이다.

이처럼 가난한 상태인 채로 가계의 절반 정도를 교육비로 사용하는 생활을 장기간 계속할 수는 없다. 자녀가 초등학교 고학년이 될 무렵에는 부모의 대부분이 금전적·정신적으로 노력의 한계에 도달해 교육비 투자를 단념해야 하는 상황에 처한다. 앞서 언급한, 아이들이 배우는 것에서 도망가는 상황이 초등학교 고학년 시기부터 현실이 되는 배경에는 교육 투자를 단념한 부모의 좌절 또한 존재한다.

5. 지금 해야 할 일

위기에 처한 교육과 자녀를 구출하기 위해 우리는 무엇을 해야 할까? 근본적으로는 리스크 사회 자체를 개혁해야 한다. 하지만 당장 리스크 사회에 던져진 눈앞의 아이를 방치할 수도 없다. 여기서는 긴급히 대처해야 할 일, 지금 학교에서 실천할 수 있는 일로 다음과 같은 과제를 제시한다.

첫째, 학교를 '제2의 가정'으로 만드는 일이다. 이는 학교가 배움learning과 보살핌care의 공동체로 기능하는 것이다. 어느 교실에나 기능 상실에 빠진 가정을 가진 아이들이 적지 않게 존재한다. 사람은 가족을 잃고도 살아갈 수 있으나 가정을 잃고서는 누구도 살아갈 수 없다. 오늘날 지역공동체는 안전망 역할을 제대로 수행하지 못하고 있다. 이러한 상황에서 학교가 제2의 가정으로 기능하지 않는다면 수많은 리스크를 떠안고 있는 청소년

이 제대로 자라는 일은 불가능하다.

현재 교육 현장에는 리스크를 떠안고 있는 청소년 문제를 해결하기 위해서 학교 상담사가 활동하고 있다. 그러나 아이들에게 필요한 것은 특정 시간에 전문가를 만나 심리적인 해결을 도모하는 상담이 아니다. 그들에게 정말 필요한 것은 친구의 공감을 바탕으로 일상에서 이뤄지는 보살핌과 이에 따른 지원과 격려다. 학교와 교실은 경쟁하는 장소에서 협동과 협력을 통해 함께 배우고 자라는 공동체로 개혁되어야 한다.

둘째, 학교에서 모든 아이들이 질 높은 배움에 도전할 수 있도록 아이들의 배울 권리를 보장하는 것이다. 리스크 사회를 살아가는 청소년에게 교육은 생명선이며 그들이 가진 인권과 희망의 중심이다. 배움에서 한번 도피해 희망을 상실한 청소년은 쉽게 리스크 사회에 삼켜진다. 이들 눈에는 배움을 뒷받침해줄 어른, 교사, 친구, 자기 자신이 보이지 않는다. 배움을 계속하는 청소년은 결코 무너지지 않는다. 가족과 친구가 무너져도 자신은 무너지지 않고 배우기를 계속한다. 이것은 필자가 지난 28년 동안 매주 두세 개의 초·중등학교에서 교사와 협력해 학교를 개혁하는 도전을 계속하면서 확인한 사실이다.

리스크 사회를 살아가는 청소년에게 배움은 살아가기 위한 싸움이다. 살아갈 권리의 중심이며 살아갈 희망 그 자체라고 할 수 있다. 현재 과잉이라고 할 정도로 다양한 개혁이 수행되고 있다. 학교가 최우선으로 삼아야 할 공공의 사명과 책임은 모든 청소년의 배울 권리를 실현하는 데 있다. 이는 결코 쉬운 일이 아니지만 이 같은 사명을 개혁의 일 순위로 삼아 학교의 모든 교육과정, 수업 방식, 학교 경영 방식을 재구축해야 한다. 즉, 학교를 '배움 공동체'로 개혁해야 한다.[3]

---

3 '배움 공동체 만들기'의 철학과 이론에 대해서는 佐藤学(2007)를 참조하기 바란다.

모든 청소년의 배울 권리를 실현하는 데 가장 효과적인 방법은 상대방의 말에 귀를 기울이고 서로 배우는 관계를 조직해 '협동적collaborative 배움'을 수행하는 것이다. 상대방 이야기에 주의를 기울이는 관계는 서로 대화하는 관계를 낳는다. 결과적으로 이 같은 관계가 협동적 배움을 가능하게 만든다. 현재 '배움 공동체 만들기'를 표방하는 학교개혁에는 전국 공립 초등학교와 중학교의 약 10%가 참여하고 있으며 기적이라고 할 정도의 큰 성과를 보여주고 있다.[4] 이 사례를 기초로 청소년 스스로 리스크 사회에서 탈출할 수 있도록 해야 한다. 그리고 이것은 모든 이에게 보장되어야 한다.

셋째, 교사에 대한 지원이다. 리스크를 안고 사는 청소년의 급증은 교사의 역할과 책임을 가중시켰다. 그 결과 교사의 소임을 더욱 어렵게 구성하고 그들을 바쁘게 만든다. 한편, 신자유주의적인 교육개혁은 교사에게 공공의 사명을 잃게 하고 교직의 전문성을 희박하게 만든다. 교육의 질을 향상하는 데 사용되는 교재비와 연수비를 삭감하고 수치 목표와 관료적인 평가를 통해 학교와 교사를 경쟁적으로 관리·통제하는 시스템은 학교를 질식 상태에 몰아넣고 있다.

리스크를 안고 사는 청소년이 많은 지역일수록 교사의 위기도 심각하다. 도쿄와 오사카 같은 도시에서는 중도 퇴직하는 교사가 급속도로 증가하고 있다. 특히 베테랑으로 불리는 유능한 교사가 50세 전후에 조기 퇴직하는 경우가 많다. 그 이유는 아이들에게 실망해서도 아니고 교육에 절망해서도 아니다. 이들이 직장을 떠나는 것은 신자유주의적인 교육행정과 이것이 초래하는 학교의 위기적 현상과 믿음을 상실한 학부모에게 절망했기 때문이다. 그리하여 도시에 위치한 학교는 해마다 많은 수의 신임 교사를

---

4 '배움 공동체 만들기'의 실천 사례에 대해서는 大瀬敏昭·佐藤学(2003); 佐藤雅彰·佐藤学(2003); 佐藤学(2004); 佐藤学(2006)를 참조하기 바란다.

채용하고 있는데, 그 규모는 이전의 열 배가 넘는다.

교사는 오랫동안 계속된 교사 때리기와 아이들의 리스크 증대를 목도하며 마음이 피폐해지고 교직에 대한 존엄과 자부심을 상실했다. 리스크 사회에서 교사는 '십자군' 같은 역할을 수행해야 하지만 리스크를 끌어안고 분투하는 교사일수록 직장과 지역에서 고립되고 있는 것이 현실이다.

교육을 구출하기 위해서 우선 교직의 존엄성과 전문성을 인정해야 한다. 교사가 자신감을 가지고 교직에서 삶의 보람을 찾으며 일할 수 있도록 제반 환경을 조성해야 한다. 현재 상황에서는 '아이들을 구하라'라고 말하기 전에 '교사들을 구하라'라고 외쳐야 할지도 모른다.

교사가 주도하는 학교개혁 역시 중요하다. 성공적인 학교개혁을 위해서는 그 내부부터 변혁을 도모해야 한다. 이를 위해서는 모든 교사가 교실을 개방하고, 동료와 함께 수업을 개혁해 동반 성장의 원동력이 되는 '동료성collegiality'을 구축해야 한다. 학교 공공의 사명을 달성하기 위해서는 학교 내부에 강고한 동료성을 구축하려는 교사의 노력이 절실하다.

넷째, 학부모 사이에 연대를 형성하는 것이다. 아이들이 안고 있는 리스크 중 하나는 부모와 교사, 부모와 부모 간의 신뢰관계가 무너진 상황 때문에 가정과 학교에서 배우고 성장할 권리가 보장되지 못하고 있다는 점이다. 도시의 확대와 핵가족의 성립으로 인해 친자관계가 밀실에서의 양육관계로 제한되었고 교사와 학생 관계 역시 밀실에서의 교육관계로 한정되었다. 그 결과 육아와 교육에 관한 지역 차원의 안전망이 해체되었으며 학생, 학부모, 교사 모두 상호 불신의 고립된 세계에서 살게 되었다. 이를 해결하기 위해 학교에 배움 공동체를 구축하는 일과 지역에 육아·교육 공동체를 만드는 일이 함께 전개될 필요가 있다.

현실적으로 아이들 사이에 협동과 협력의 신뢰관계를 구축하는 일보다 부모와 교사 간에 그와 같은 관계를 구축하는 일이 더 어렵고, 부모와 부모

간은 그보다 더 어렵다. 부모들은 아이가 유치원에 들어갈 무렵에 소그룹으로 나눠진다. 더욱이 서로 대립관계를 형성하는 경우도 적지 않다. 게다가 신자유주의 이데올로기와 정책이 교사와 학부모 관계를 서비스 제공자와 향수자의 관계로 만들면서 불만과 불신을 증폭시켰다. 이러한 현실을 바꾸기 위해서는 교사와 학부모가 아이들을 기르고 교육하는 책임을 공유하는 것을 추진할 필요가 있다. 많은 학교에서 교사와 학부모의 협동을 통해 수업을 창조하는 다양한 활동을 벌이고 있다. 앞으로는 학부모 대부분에게 학교 교육에 직접 참여할 기회를 폭넓게 보장해야 한다. 교육과 배움의 공공⍵共 공간은 구체적인 협동 활동을 통해 실현되기 때문이다.

다섯째, 행정의 개혁이다. 그동안의 분권 개혁과 규제 완화로 인해 교육 행정에서의 권력관계가 크게 변모했다. 2001년 고이즈미 준이치로 수상에 의한 '환골탈태 개혁' 이래 시행된 신자유주의 이데올로기와 교육정책에 찬동한 주체는 학부모와 시민이었고, 이를 가장 적극적으로 추진한 주체는 도도부현의 수장과 교육위원회였다. 반면 가장 크게 저항한 사람들은 교사와 교장이었으며 그다음이 시정촌 교육위원회와 문부과학성이었다. 이 복잡한 권력구조 속에서 관건을 쥐고 있는 주체가 바로 교장과 시정촌 교육위원회다.

분권 개혁의 결과 교장과 시정촌 교육위원회는 자신의 리더십에 따라 자율적으로 학교개혁을 수행하는 일이 가능해졌다. 문제는 이들이 일을 수행하기 위한 재원을 거의 가지고 있지 않다는 점이다.

과연 이들에게 가장 크게 결여된 것이 재원일까? 물론 재원은 필수적인 자원이다. 그러나 사실 가장 중요한 것은 학교개혁을 위한 비전이 아닐까? 개혁에 사용되는 재원이나 인력 자원이 아무리 많아도 비전이 결여된 채로 이용된다면 이는 낭비에 불과하다. 사실 지금도 막대한 교육비가 리스크 사회에 대항하는 데 쓰이기는커녕 청소년, 교사, 학부모를 리스크 사회로

던져 넣는 개혁을 위해 쓰이고 있다. 학교선택제도, 수준별 반 편성, 교원고사제도, 표준학력 테스트 등 교육개혁의 대부분이 교육을 리스크 사회 속에 던져 넣는 방향으로 추진되었다.

이 같은 현실을 바꾸기 위해 무엇보다 필요한 것은 청소년 문제를 가장 직접적으로 해결할 수 있는 교장과 시정촌 교육위원회가 리더십을 발휘해 리스크 사회에 대항하는 교육개혁(학교개혁)의 비전을 확립하는 일이다. 그리고 이를 청소년, 교사, 학부모의 협력과 연대 속에서 추진해야 한다. 지금까지 개혁을 추진한 사례를 살펴보면 리스크 사회에 대항하는 교육개혁이 리스크를 호기로 바꾸고 있고 청소년의 절망적인 갬블링을 희망을 찾는 도전으로 바꿔가고 있다. 그 결과 청소년, 교사, 학부모, 행정 당국자 사이에 신뢰관계가 구축되고 있다. 이는 아주 중요한 사실이다. 사람들이 아이들의 미래에 꿈을 건다면 현대의 리스크 사회는 곧 희망의 개혁을 가능하게 하는 사회가 될 수도 있다.

참고문헌

國民生活金融公庫 總合研究所. 2006.「家計における教育費負擔の實態調査結果」.

佐藤学. 2000.『"学び"から逃走する子どもたち』. 岩波ブックレット.

_____. 2004.『教師たちの挑戦: 授業を創る 学びが変わる』. 小学館.

_____. 2006.『學校の挑戰: 学びの共同體を創る』. 小学館.

_____. 2007.「学校再生の哲学: '学びの共同体'のヴィジョンと原理と活動システム」. ≪現代思想≫. 青土社, 35巻, 5号, pp. 93~105.

佐藤雅彰・佐藤学 編. 2003.『公立中学校の挑戰: 授業を変える学校が変わる』. 小学館.

岩川直樹・伊田廣行 編. 2007.『貧困と学力』. 明石書店.

大瀬敏昭・佐藤学 編. 2003.『學校を変える: 浜之鄕小學校の5年間』. 小学館.

OECD. 2005.『世界の社会政策の動向: 能動的な社会政策による機会の拡大に向けて』. 井原辰雄 訳. 明石書店.

Bernstein, Peter. 1996. *Against the Gods: The Remarkable Story of Risk.* John Wiley & Sons.

제 3 장

리스크 의학의 탄생

미마 다쓰야美馬達哉

제3장에서는 1970년대에 출현한 새로운 의학과 의료 양상을 중심으로 인간 신체를 둘러싼 리스크를 논한다. 새로운 신체(리스크를 안고 있는 신체)관에 뿌리를 둔 의학적인 실천은 드러난 질병을 치료하기보다는, 리스크 요인에 개입해 질병을 예방하는 데 목표를 둔다는 점이 특징이다(리스크 의학). 이와 함께 최근 임상에는 '메타볼릭 신드롬(metabolic syndrome: 대사증후군)'으로 대표되는 '병 아닌 병'이 등장하고 있다. 리스크 의학의 탄생은 근대 의학이 특정병인론(特定病因論)에서 확률론적인 다인자병인론(多因子病因論)으로 변한 상황과 관련하는데, 바로 여기서 라이프스타일에 대한 개입으로서 헬스 프로모션(health promotion)이 탄생했다. 이 장에서는 소비문화, 개인주의적 가치관(희생자 비난 이데올로기), 감시와 자발적 복종이라는 세 가지 관점으로 리스크 의학이 초래하는 리스크를 고찰한다. 이 장의 목표는 리스크를 단순한 객관적 수치나 주관적 의미 부여 또는 커뮤니케이션의 문제로 파악하는 데 있지 않다. 리스크를 바람직한 신체에 대한 집단적인 가치관과 결부해 사회학적인 관점으로 고찰하는 데 목표를 둔다.

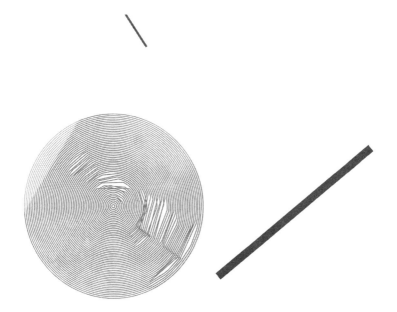

1. 위험을 보는 눈: 심폐소생술 재검토

리스크는 모호한 성질을 가지고 있으며 관점에 따라 다양한 모습을 나타내기 때문에 쉽게 파악할 수 없다. 이를테면 어떤 질병에 관한 '10%의 사망률'과 '90%의 생존율'은 객관적으로 동일한 사실을 나타내는데, 말하는 사람이 선택한 문구에 따라 청자가 받는 인상은 전혀 다르다. 또한 같은 10%의 사망률이라도 친족이나 친구가 그 병으로 사망한 일을 보거나 들은 경우, 또는 반대로 가까운 사람이 그 병에서 회복된 일을 알고 있는 경우에 따라 동일한 리스크는 다르게 받아들여진다.

특히 의료상의 리스크는 치명적인 질병처럼 생사와 직결된다. 따라서 객관적인 숫자로 표현되는 리스크 크기와 정동적情動的인 면까지 포함해 가중 평가된 리스크 사이에는 간극이 생기기 쉽다. 사회학적인 관점에서 의료상의 리스크를 고찰하는 첫 단계로 리스크의 사회적 의미가 문맥에 따라 달라진다는 사실을 고찰해본다.

1) 심폐소생술의 의학적 의미와 사회적 의미

리스크에 대한 객관적인 평가와 사회적 의미가 크게 달라지는 예로 의료 현장에서 잘 알려진 의학 처치인 심폐소생술의 유효성에 관한 의론을 들 수 있다. 20세기 중엽 이래 심폐心肺가 정지(호흡과 맥박이 정지)된 사람(전통적으로 말하면 '죽은 사람死者')이라도 정지된 바로 직후라면 적절한 근대 의학 처치를 통해 소생할 가능성이 높아졌다. 이것이 바로 심폐소생술 CPR: cardiopulmonary resuscitation 이다.

심폐소생술은 기도 확보, 인공호흡, 심장 마사지의 조합이라고 할 수 있다. 오늘날 이 기술은 일반인을 대상으로 하는 구명 조치 강습회에서 흔히 교육되고 있다.[1] 최근 역 등지에 '자동제세동기'AED: Automated External Defibrillator (심장에 전기 충격을 가해 부정맥을 치료하는 기계)'가 설치되면서 심폐소생술이 다소 흔한 것으로 의식되기에 이르렀다. 일반 시민이 우연히 심폐가 정지된 사람을 발견하면 AED를 활용해 구급 조치를 실시한다. 그 와중에 구급차가 도착해 환자를 병원으로 이송하고, 이후 환자는 사람들의 후의에 감사를 표하며 퇴원한다(이것이 일반적으로 상정된 시나리오다).

의료사회학자 스테판 티메르만스Stefan Timmermans는 미국에서의 심폐소생술 역사와 현상을 검토한 저서 『돌연사와 CPR의 신화(Sudden Death and the Myth of CPR)』에서 객관적인 숫자로 평가하는 한 심폐소생술의 유효성은 낮다는 것, 즉 심폐소생술을 받더라도 그대로 사망할 리스크가 대단히 높다는 사실을 냉정하게 지적한다(Timmermans, 1999).

두 건의 대규모 조사 결과가 이를 뒷받침한다. 1987년 시카고에서 진행된 첫 번째 조사 결과, 심폐 정지가 발견되어 심폐소생술의 대상이 된 3221명 중 98%가 사망했고(91%는 응급실에서 사망), 나머지 2%만 퇴원할 만큼 회복되었다(Becker et al., 1991). 다른 하나는 1990~1991년 뉴욕에서 진행된 조사였는데, 시술을 받은 3243명의 구명률은 1.4%였다(Lombardi et al., 1994). 최근의 연구도 이 같은 조사 결과와 큰 차이를 보이지 않는다. 대도시에서 생존율이 낮은 이유로는 사람들이 서로 무관심하거나 또는 구급차

---

[1] 심폐소생술의 구체적인 방식은 다음과 같다. 먼저 환자를 똑바로 눕힌 후에 머리를 아래로 누르고 턱을 위로 올린다(기도 확보). 자발적으로 호흡이 불가능한 상태면 인공호흡을 개시한다. 코를 막은 채 입을 통해 숨을 불어넣고, 입을 뗀 후 숨이 토해지면 다시 한번 숨을 불어넣는다. 이 과정을 반복한다. 그다음 순서는 심장 마사지로 두 손을 모아 명치에 댄 다음 팔꿈치를 뻗고 수직으로 체중을 실어 3~5cm 정도 누른다. 환자가 성인일경우 이것을 분당 100회의 속도로 반복한다. 이를 실행할 수 있는 사람이 두 명 이상이라면 서로 교대해 인공호흡과 심장 마사지를 실시하되, 한 사람만 있다면 인공호흡 2회와 심장 마사지 15회의 조합을 반복한다.

를 부르는 일이 지체되었거나 또는 교통 사정 때문에 구급차가 늦게 도착한 상황을 추측할 수 있는데, 이는 확실하지 않다.

즉, 심폐소생술은 사망 리스크가 대략 90% 또는 그 이상에 달하는 '치료법'이라고 할 수 있다. 이 특징만을 놓고 보면 시술의 유효성에 관해 의문이 생기는 것은 당연하다. 하지만 생과 죽음을 결정하는 리스크와 관련해서는 유효성이 아무리 낮아도 얼마간의 가능성에 기대를 걸 수밖에 없다는 가치관 또한 전적으로 정당하다.

여기서 잊지 말아야 할 점은 인간의 건강 증진을 위해 사용할 수 있는 의료 자원에는 한계가 있다는 사실이다. 심폐소생술의 유효성에 비판적인 입장을 취하는 스테판 티메르만스는 심폐소생술 강습회와 AED에 사용되는 시간이나 비용을 다른 의료 서비스에 투자하면 한정된 의료 자원을 더욱 효과적으로 사용할 수 있다고 강조한다. 사실 사회 전체적인 차원에서 의료정책을 생각하면 리스크와 그것의 유효성을 객관적으로 비교하고 판단할 수밖에 없다.

그렇다면 사람들은 왜 그렇게 객관적으로 유효성이 낮은 심폐소생술에 매력을 느끼고 의료 자원을 계속 투입할까? 이것은 '객관적인 숫자의 대소를 초월한 사회현상으로서 리스크가 어떻게 생성되는가'라고 하는 사회학적인 질문으로 연결된다.

2) 사회적인 구축물로서 '리스크'

여기서 참고할 수 있는 것이 인류학자 메리 더글러스의 위험과 리스크를 결부한 의론이다. 그녀는 『리스크와 문화(Risk and Culture)』에서 리스크를 '집합적인 구축물'로 규정하면서 리스크 범주, 리스크 크기, 리스크 대책에 관해 객관적·중립적인 판단을 내리기 어렵고 사람들 사이에 의견이 일치하기도 어렵다는 점을 지적했으며 그 이유를 다음과 같이 기술했다.

> 리스크는 미래에 대한 지식과, 가장 바람직한 미래상에 관한 합의가 결합된
> 결과물로 봐야 한다(Douglas and Wildavsky, 1983: 5).

다시 말해 리스크는 미래를 예측하는 측면에서 불확실성(이것은 확률로 표현된다)을 가지고 동시에 무엇이 바람직한 미래상인지 결정하는 의미 부여와 사회적인 합의의 영역과도 관련하기 때문에 결코 객관적일 수 없다. 어떤 사람에게 리스크가 되는 것이 다른 사람에게는 기회가 될 수도 있다. 단적인 예를 들면 핵전쟁의 위협은 인류 전체에게는 리스크이지만 방재 상품이나 지하 대피소 관련 상품 판매업자에게는 사업상의 기회다.

리스크가 미래에 발생하는 일반적인 사건을 뜻하지 않고 바람직하지 못한(나쁜) 사건이 일어날 확률을 가리킨다는 사실은 리스크가 '무엇이 바람직한가'라는 가치판단과 밀접한 관계에 있음을 나타낸다. 메리 더글러스의 주장에 따르면 리스크는 단순한 숫자(지식)[2]가 아니라, 암묵적으로 합의된 사회질서를 침범해 혼란을 만들어내는 어떤 것(위험)이다.

리스크는 사회의 바람직한 모습(사회질서)을 정의하는 문화적인 가치관(종종 도덕과 결부한다)을 토대로 규정되는 사회현상이다. 이것은 언제나 문화적으로 부정적인 의미를 부여받는다. 따라서 리스크를 인지하고 대처하기 위한 사회적인 대응책을 선택하는 데 사용되는 가치판단이 리스크에 대

---

2 리스크론은 흔히 지식이나 학문을 통해 계산할 수 있는 리스크를 (협의의) 리스크로, 계
   산할 수 없는 것을 불확실성으로 부르는 이분법을 사용하고 있다. 이 같은 계산 가능성
   은 대부분이 과거의 데이터가 미래에도 적용될 수 있다는 귀납적인 사고를 근간으로 하
   고 있다. 하지만 단순한 물리 현상의 영역을 떠나 인간 사회의 역사를 살펴보면 계산 가
   능성을 바탕으로 시도된 예측이 뒤집어진 예가 너무나 많다.

한 객관적인 평가와 얽혀 문제를 복잡하게 만든다. 리스크를 인지하고 대처하는 과정은 단순한 과학기술적인 의사 결정 절차가 아니다. 혼란에 빠진 사회질서를 회복하기 위해 리스크에 관한 책임을 누구에게 전가할지, 리스크를 상대로 어떤 대응책을 조직할지 등에 관한 사회적인 가치판단까지 포함한다.

미래에 대한 중립적인 예측이 아니라는 점, 회피해야 할 미래의 이미지를 포함해 잠재적인 리스크가 현실적으로 발생할 경우 책임 소재를 결정해야 하는 점, 예방을 위한 노력이 중시되는 점은 다양한 리스크 분야 중에서 특히 의료를 둘러싼 리스크에 해당된다.

스테판 티메르만스의 주장처럼 심폐소생술을 '치료'라고 부르는 것은 적합하지 않다. 이 시술은 사망 리스크가 너무 높아 의학적인 유효성이 낮기 때문이다. 한편, 메리 더글러스의 관점에 따르면 이 기술의 '사회적인 유효성'을 이해할 수 있다. 심폐소생술은 '이승을 떠나는 사람'도 여전히 우리 사회의 일원으로 존중되고 있음을 보여주는 일종의 사회적인 행위나 의식으로서 의미를 가진다. 이것은 길에서의 돌연사가 발생시키는 사회질서 교란 현상을 진정시킨다. '이승을 떠나는 사람'을 안녕히 보내기 위한 장송葬送 절차의 하나로도 간주할 수 있다. 이 시술을 장송 의식으로 생각하면 더 이상 의학적인 유효성 유무는 중요하지 않다. 물론 유효성보다 더 중요한 것은 없다. 하지만 (사회학적으로 표현한다면) 사람들에게 그들이 병자를 배려하고 돌보는 것과 같은 사회적인 역할을 수행할 수 있는 장을 제공하는 측면 역시 중요하다.

리스크가 '사회질서는 어떠해야 하는가'라는 가치관과 결부하는 것은 신체와 관련된 리스크가 가지는 특징이다. 환경 리스크에서도 사람의 신체와 연관되어 있는 경우 사회적인 가치관과 결부된 논쟁이 일어나기 쉽다(이를테면 원전의 안전성이나 지구온난화 대책에 관해).

그에 반해 경제학이나 경영학에서 말하는 리스크는 자산이 가치를 상실할(경제적인 손실을 볼) 가능성을 의미한다. 근대사회에서 이것은 기본적으로 개인의 자기책임에 속한다. 그런 까닭에 바람직한 사회질서의 모습 또는 집합적인 가치관의 방향성과는 직접적인 관계가 없다.

리스크론에서는 리스크의 객관적인 크기와 주관적인 평가 사이의 간극 문제가 리스크 인지에 관한 심리학적인 문제 또는 전문가와 비전문가 사이에 발생하는 커뮤니케이션 차이의 문제로 다뤄졌다. 사회학적인 관점에서는 의미 네트워크인 사회 속에서 어떤 리스크가 어떤 위치를 부여받는지에 관한 것이 문제가 된다. 이 문제를 단순히 개인의 심리적인 경향이나 정보전달의 정확성이라는 측면에서 이해해서는 안 된다. 리스크를 바람직한 사회에 관한 집합적인 가치관과 연결해서 이해해야 한다. 사회학이 리스크학 속에서 수행해야 할 독자적인 역할(과학적인 리스크 평가, 리스크 인지 심리학, 리스크 커뮤니케이션학 등과는 구별되는 역할)은 바로 여기에 있다.

덧붙이자민 인간 신체를 둘러싼 리스크를 분석할 경우 '정상적인(건강한) 신체 모습'이라는 신체에 대한 사회적인 규범과 리스크와의 관계성에 주목해야 한다. 이 장에서 '리스크 신체'라는 표현을 사용한 이유는 이 같은 관점 또는 문제의식에 따른 것이다.

2. '리스크 의학'의 탄생

오늘날 의료 현장에서 리스크라는 용어는 흔히 사용되고 있는데, 시기적으로는 얼마 되지 않은 현상이다. '리스크 신체'를 사회학적으로 분석하기 위한 전제로 먼저 의학이나 공중위생학 분야에서 리스크라는 문제의식이 확실하게 부상한 시기에 대해서 검토해본다.

존아르네 스콜베켄John-Arne Skolbekken은 1967~1991년에 걸쳐 영미와 스칸디나비아 제국의 의학 잡지에 실린 논문 표제와 초록을 이용해 리스크라는 단어의 출현 빈도를 조사했다. 그 결과 1970년대, 특히 후반기에 이 단어의 출현 횟수가 급증했다는 사실이 판명되었다(Skolbekken, 1995). 그는 이 같은 사회현상을 '리스크 유행병'이라고 야유하면서 그 배경으로 근대사회의 문화 변용을 지적했다. 또한 1970년대 환경문제가 출현해 리스크에 대한 사회적인 감수성이 높아진 사실, 의학에서 확률 통계를 많이 사용하는 역학疫學의 역할이 커진 사실을 리스크 유행병의 배경으로 꼽았다.

우선 1970년대에 리스크에 관한 사회적 감수성이 높아졌다는 사실에 대해서는 학자들 대부분이 동의한다. 이때부터 의학 이외의 학문 분야에서도 리스크라는 용어의 사용 빈도가 급격히 높아졌다(Short, 1984). 이 장에서 자세히 설명할 수는 없지만3 리스크에 대한 대표적인 사회학 분석서 『위험사회』에서도 현대사회가 리스크 사회로 전환된 시점을 거의 같은 시기로 보고 있다(Beck, 1998).

리스크 유행이 의학의 양상이나 신체관에 어떤 변화를 가져왔을까? 존아르네 스콜베켄은 이를 역학의 확대라고 정리했다. 필자는 이 질문이 리스크 신체의 탄생이라고 불러야 할 사태에 대응한다고 본다. 지금부터는 이에 대해 상세히 살펴본다.

1) 리스크화한 신체

신체를 둘러싼 리스크와 사회적인 가치관이 서로 얽혀 있는 현상을 분석하는 데 날카로운 관점을 제공하는 학자들이 바로 미셸 푸코Michel Foucault

---

3 울리히 벡의 이론에 대한 저자의 관점은 靑井倫一·竹谷仁宏(2005)를 참조하기 바란다.

의 영향을 받은 사회이론가들이다.[4] 그중에서도 사회학자 로베르 카스텔 Robert Castel 의 논문 「위험성에서 리스크로(From dangerousness to risk)」는 의학에서 리스크 개념의 등장과 이것이 임상 현장에 미치는 영향을 정신 의료와 소셜워크social work 사례를 통해 설득력 있게 제시한 것으로 인정받았다(Castel, 1991). 그의 주장을 한마디로 정리하면, 리스크 개념의 등장은 '병원에서의 임상의학'에서 '클리닉에서의 역학적 의학'으로 진행한 변화와 깊은 관계가 있다는 것이다.

역사적으로 18세기 무렵에 시작된 '병원에서의 임상의학'은 환자라는 구체적인 개인의 심신을 지식체계로 삼는다. 그리고 이를 바탕으로 질병을 가진 개인을 병원에서 치료하는 행위를 기본적인 실천 행위로 삼았다.

1970년대에 의학은 질적인 변용을 겪었다. 결과적으로 역학적 의학 측면이 강화되었다고 사람들은 말한다. '클리닉에서의 역학적 의학'은 정상과 이상 또는 질병과 건강이라는 이분법을 이용하지 않는다. 이 의학은 양자 사이에 존재하며 연속적으로 변하는 다양한 리스크 요인에 관한 지식을 지식체계로 삼아 이용한다. 질병을 치료하기보다는 질병에 걸리지 않도록 리스크를 통제하는 예방을 중시한다. 따라서 병원에 입원하는 것보다 건강 클리닉에서의 검진과 헬스 프로모션(건강 증진 교육)을 중요하게 생각한다.

예를 들면 임상의학의 경우 환자가 병원을 찾아 머리가 깨지는 것 같다고 통증을 호소하면 의사는 "뇌졸중의 원인은 뇌동맥류(혈관이 뭉치는 것)가 파열해 출혈하는 것입니다. 이는 생명과 직접적으로 관련하기 때문에 바로 입원하고 수술해야 합니다"라고 답하는 것이 일반적인 유형이다.

---

4 이 장에 소개한 로베르 카스텔 이외의 논자들, 특히 프랑수아 에발트(Francois Ewald)나 마이클 딘(Michael Dean) 등의 리스크 개념에 대한 저자의 관점에 대해서는 山之內靖·酒井直樹(2003)를 참조하기 바란다.

역학적 의학의 경우 건강한 사람이 건강 클리닉을 방문하면 "증상은 없으나 뇌 도크를 통해 뇌동맥류가 발견되었습니다. 방치할 경우 파열할 리스크가 ○ ○%입니다. 예방 수술을 실시할 경우 후유증에 관한 리스크가 있지만 성공 확률은 ○ ○%입니다"라는 설명을 듣게 된다.

데이비드 암스트롱David Armstrong은 20세기 중엽에 나타난 새로운 유형의 의학을 '감시surveillance 의학'이라고 불렀다. 그는 '감시 의학'의 세 가지 특징으로 무엇을 정상성正常性이라고 정의할 것인지를 문제시하는 점, 질병을 시간축으로 파악하려는 점, 질환을 신체 내부가 아니라 외부에서 찾아내려고 하는 점을 꼽았다(Armstrong, 1995, 2002).

먼저 정상성을 문제시한다는 것은 공중위생을 위한 건강 조사나 건강진단이 확대된 결과로 의학적인 감시 대상에 병자뿐만 아니라 건강한 사람까지 포함한 것을 말한다. 질병을 시간축이라는 관점으로 파악한다는 것은 건강진단이 보급된 결과로 의학적인 감시가 문제로 삼는 영역이 질병에 걸리기 전 단계(질병 리스크가 있는 상태)까지 확대한 것을 의미한다. 마지막으로, 질환을 신체 외부에서 찾는 것은 의학적인 감시의 초점을 신체 내부에 맞춰 병인을 병리학적으로 찾으려 하기보다 식생활이나 운동 습관 같은 신체 외부의 라이프스타일에 맞추는 것을 말한다.

데이비드 암스트롱은 미셸 푸코의 견해를 원용하면서 '감시 의학'의 융성이 현대사회에서 이루어지는 감시의 심화나 확대와 관련되어 있다고 설명했다. 그러나 필자는 이 같은 현상을 감시의 질적인 변화, 즉 개인의 신체를 대상으로 삼는 감시에서 리스크 신체를 대상으로 삼는 감시로 변화한 것과 연관되어 있다고 보는 것이 더 정확하다고 생각한다. 리스크 신체는 개인의 신체 자체가 나타내는 구체적인 형상이 아니다. 이는 검사 수치, 행동 유형, 심리적인 특성, 라이프스타일 등의 리스크 요인을 바탕으로 수치화된 심신 정보의 집합체를 뜻한다.

2) 병인론에서 본 리스크 의학

필자는 치료에서 예방으로 향하는 의학의 경향성과 감시 의학의 출현을 리스크 신체에 대응한 '리스크 의학'의 등장으로 본다. 1970년대에 등장한 리스크 의학이 가진 새로움을 근대 의학의 역사 속에 위치시키기 위해서 지금부터는 그 특징을 근대 의학에서의 병인론과 대비해 기술한다.

질병의 원인에 대한 의론에서 근대 의학은 기본적으로 '특정병인론'을 기반으로 하고 있다. 이 이론은 하나의 질병에는 하나의 원인이 존재한다고 상정한다. 근대사회에 살고 있는 우리는 이런 사고방식을 자명한 사실로 생각하기 쉽다. 반면 전통 의학에서는 질병의 원인을 체액이나 에너지 균형이 무너진 것으로 생각하는 경우가 많다(예컨대 중국의 중의학이나 일본의 한방의학은 질병의 원인을 음기와 양기의 조화가 깨진 것으로 생각한다).

'특정병인론'에 따르면 질병은 어느 개이의 신체 내부에 실재하는 특정 원인(특정 물질의 결여, 돌연 변이한 수상한 암세포, 병원균 또는 바이러스 등)에 의해 생긴 것이다. 이 이론에 따른 최선의 치료법은 가능하다면 병인을 의학적인 수법으로 제거하는 것이다.

특정병인론은 19세기 후반 병원균 발견(로베르트 코흐 Robert Koch 에 의한 결핵균 발견이 대표적 사례)을 모델로 한 사고방식이다. 이는 20세기 중엽 항생물질 발견과 임상 응용에 의해 그 유효성이 확인된 것으로 생각되었다.

확실히 폐렴 같은 급성질환을 치료하는 임상 현장에서는 특정병인론에 의한 근대 의학이 유효성을 발휘한다. 다만 선진국이 감염증을 정복한 사례에서 항행 물질이 수행한 역할의 중요성과 관련해서는 의학계에서도 논쟁이 있다. 공중위생학의 견지에서 보면 감염증을 치료할 수 있었던 이유는 의학적인 치료법의 진보에 의한 것이라기보다 일반적인 영양상태나 위생상태의 개선이 큰 기여를 한 것으로 볼 수 있다(佐藤純一, 2001).

암, 심장병, 뇌졸중 등 만성질환에서는 특정병인론이 꼭 유효하다고 말할 수 없다. 예를 들어 암 자체의 원인은 암세포의 이상증식이지만 병인을 소급해 추적해보면 일직선의 경로를 발견할 수 없다. 이 경우에는 환경이나 음식물에 포함된 돌연변이 원물질源物質의 영향, 어떤 원인에 의한 신체 면역력 저하, 발암 억제 유전자에 생긴 이상 등 여러 요인이 복합적으로 작용한 결과로 암이라는 질병이 발생했다고 해석하는 것이 생물의학적으로 가장 타당하다.

20세기 중엽부터 질병과 병인의 일대일 대응이라는 직접적인 인과관계(특정병인론)가 아니라, 복수의 병인이 복합적으로 작용해 질병을 확률적으로 발생시킨다는 사고방식이 주장되기 시작했다. 이를 다인자병인론 또는 확률론적인 병인론이라고 부른다. 예를 들어 폐암에는 흡연이라는 생활 습관이 리스크라는 사실(흡연은 폐암에 걸릴 확률을 키운다)은 잘 알려져 있다. 그러나 흡연자가 모두 폐암에 걸리지는 않는다.

1970년대부터 눈에 띄기 시작한 '리스크 요인risk factors'이라는 말은 다인자적·확률론적으로 질병을 일으키는 요인을 뜻한다. 항생물질로 대표되는 특정병인론에 의한 치료 대신 다인자병인론에 따른 의학적인 개입이 목표한 일은 질병에 걸릴 리스크를 감소시키는 것, 즉 예방이다.

다인자병인론의 등장이 가진 의미를 중시한 윌리엄 로트스테인William Rothstein은 심장병 예방을 위한 건강 캠페인 역사를 다룬 『공중위생과 리스크 요인(Public Health and the Risk Factor)』에서 공중위생 영역에 리스크 개념이 도입된 것을 "20세기의 의학혁명"이라고 표현했다(Rothstein, 2003).

주목할 점은 이 이론의 도입이 질병의 인과적인 설명 논리에 변화를 가져왔을 뿐만 아니라 의학 지식체계의 변화와도 유관하다는 그의 주장이다. 리스크 요인이 어떤 확률로 질병을 일으키는가 하는 문제에 의학적으로 답하기 위해서는 개인을 대상으로 한 임상의학뿐만 아니라 환자와 건강한 사람으로 구성된 인구 집단을 통계적으로 다루는 공중위생학이 필요하다.

이언 해킹Ian Hacking이 『우연을 길들이다(The taming of chance)』에서 논한 것처럼 인간을 인구ㅅㅁ로서 집단적으로 취급하는 통계적인 기법 자체는 18~19세기에 출현했다(Hacking, 1990). 통계는 유럽에서 중앙집권적인 국가 수립을 위해 징세를 목적으로 시행한 인구통계학에서 시작되었으며 이후 범죄나 질병 등 여러 영역으로 확대되었다.

이 수법을 감염증이 아니라 만성질환의 병인 연구에 대규모로 응용하기 시작한 때는 20세기 중엽 이후다. 그 시작은 1948년부터 미국 보스턴 교외에 있는 프레이밍엄Framingham에서 실시된 심장병(관상맥 질환)을 중심으로 한 추적 조사다. 이 연구는 리스크 요인이라는 말을 의학 영역에 최초로 도입한 것으로 알려져 있다. 장기간에 걸친 추적 조사를 통해 특정 주민 집단의 건강상태를 파악함으로써 얻은 연구 성과가 1960년대부터 발표되었는데 고혈압, 고지질 혈증, 흡연 등이 리스크 요인으로 지목되었다.

같은 시기에 진행된 공중위생조사에 따르면 음주, 수면 시간, 운동 습관 등 라이프스타일이 초래하는 리스크 역시 만성질환 발생에 큰 영향을 미친다. 병인을 병원균 같은 외적인 요인이 신체 내부에 침입한 것에서 찾지 않고 라이프스타일 자체에서 찾기 시작한 것은 의학적인 치료 목표를 설정하는 문제에 커다란 영향을 미쳤다.

병원균과는 달리 라이프스타일 자체에 존재하는 리스크 요인을 모두 제거하는 일은 불가능하다. 따라서 (협의의) 의학적인 치료와는 다른, 라이프스타일의 변화를 목적으로 한 의학적인 개입과 헬스 프로모션이 공중위생과 질병 예방의 영역에 대대적으로 도입되었다(이를 '신공중위생운동'이라고 부르기도 한다). 그 결과 의사나 간호사 같은 좁은 의미의 의료자뿐만 아니라 소셜워커social worker와 같은 의료관련직의 역할이 중요해졌으며 이들이 지역사회에 적극적으로 개입하는 일이 더 큰 의미를 갖게 되었다.

<표 3-1> '리스크 의학'의 특징

	종래의 임상의학	리스크 의학
지배적 지식체계	생물의학	역학, 통계학
질병 파악 방식	정상 대 이상의 이분법	연속적(連續的)인 정상과 이상
개입 목표	질병 치료	리스크 감시와 질병 예방
병인에 대한 이론	특정병인론	다인자병인론
병인을 파악하는 측면	심신 내부의 이물(異物)	심신 내부, 환경요인, 라이프스타일
대상	개인으로서 환자	인구 집단, 수치 데이터
대표 질병	(급성) 감염증	생활 습관 병
치료 담당자	의사	의료관련직
치료 방법	생물의학적인 치료 (약물, 외과치료 등)	건강 증진 교육(헬스 프로모션)에 의한 라이프스타일 변화
치료 결과 평가자	의사	관리자(매니저), 통계학자
의학 개입의 장소	입원시설인 병원	건강 클리닉, 지역 커뮤니티
의뢰인 역할	수동적인 환자	건강 증진의 주체

2000년 일본에서 시작된 '21세기 국민건강만들기 운동(건강일본 21)'은 질병 예방을 넘어 적극적으로 건강을 확보하기 위한 헬스 프로모션의 전형이다. 이 운동은 네 가지 질병(암·심혈관 질환·당뇨병·치아 건강)과 이들 질병에 걸릴 리스크를 초래하는 다섯 가지 생활 습관(영양과 식생활·신체활동·휴양과 마음의 건강·흡연·음주)에 관해 2010년까지의 목표를 설정했다.

리스크 의학의 실천이 라이프스타일을 대상으로 하는 의료의 출현이나 헬스 프로모션으로 전개된 사태는 리스크를 감소하는 면에서 성과를 거두고 있는지도 모른다. 그러나 한편으로는 이전에 존재하지 않았던 여러 문제를 일으키고 있다. 이 문제에 대해서는 이 장의 뒷부분인 '건강 증진을 위한 리스크 관리의 문제점'에서 다시 논한다. <표 3-1>은 지금까지 이야기한 '리스크 의학'의 특징을 종래의 임상의학과 비교해 정리한 것이다.

다음 절에서는 리스크 의학의 사례로 '메타볼릭 신드롬'을 사회학적인 관점으로 분석해본다.

3. '메타볼릭 신드롬'이라는 신화?

특히 현대사회에서 문제되는 몇 가지 질병(고혈압, 고지질 혈증, 당뇨병 등)은 리스크 신체에 고유한 질병이다. 이 질병을 가지고 있는 사람은 건강한 사람보다는 죽음이나 질병에 걸릴 리스크가 높은 상태지만, 환자 개인의 구체적인 신체 수준에 대해 고민하거나 생활상 불편을 겪어야 하는 상황에 있는 것은 아니다.

'환자는 병을 앓고 의사는 질환을 다룬다'는 말처럼 의료사회학이나 의료인류학 영역에서는 병을 주관적인 측면과 객관적인 측면으로 나뉘 취급한다. 즉, 병illness과 질환disease이라는 이분법을 사용한다. 이 같은 이분법에 따르면 앞에 언급한 병적인 상태를 우리는 '병 없는 질환'이라고 부를 수 있다. 지금부터는 '병 없는 질환'의 대표라고 할 수 있는 '메타볼릭 신드롬'을 의료사회학적 관점으로 분석하면서 리스크 신체의 질병이 임상 현장에 나타날 때 어떤 일이 발생하는지 파악해본다.

메타볼릭 신드롬은 심혈관 장애(심근경색이나 뇌졸중 같은 동맥경화성 질환) 리스크를 높이는 것으로 비만(특히 내장 지방이 중시), 고혈압, 고혈당증, 지질대사 이상[5]이라는 항목 중에 두 가지 이상을 갖고 있는 상태로 정의한

---

5 메타볼릭 신드롬에서는 종래 고지질 혈증에서 중시되었던 총콜레스테롤이나 저밀도지질단백질(LDL, 이른바 나쁜 것) 콜레스테롤의 높은 수치가 아니라, 중성지방(TG)과 고밀도지질단백질(HDL, 이른바 좋은 것) 콜레스테롤의 높은 수치를 가리킨다.

다. 일본에서 사용하는 진단 기준(2005년 공표된 일본내과학회를 포함한 8개 학회 합동 진단 기준)은 다음과 같다(メタボリックシンドローム診斷基準檢討委員會, 2005).

> 내장 지방 축적(허리둘레가 남성은 85cm, 여성은 90cm 이상)이 필수이며 이 밖에 다음 중 두 가지 이상인 경우
> ① 중성지방이 150mg/dl 이상 또는 HDL 콜레스테롤이 40mg/dl 미만(또는 치료 중)
> ② 혈압이 130/85 이상(또는 치료 중)
> ③ 공복 시 혈당이 110mg/dl 이상(또는 치료 중)

역사적으로는 1980년대 후반부터 심혈관 장애를 일으키는 리스크를 복수로 가지고 있는 상태multiple factors에 대해 "죽음의 4중주(고혈압·고지질 혈증·고혈당증·비만)"나 "신드롬 X(인슐린 저항성·포도당에 대한 내성 이상·고인슐린 혈증·고초저비중지질단백질VLDL 중성지방혈증·저HDL 콜레스테롤혈증·고혈압)" 또는 "내장 지방형 비만" 등의 이름을 붙여 문제로 삼아왔다(Kaplan, 1989; Reaven, 1988; Fujioka et al., 1987).

이 같은 태도는 개별 항목의 리스크는 가볍더라도 이들이 중첩될 경우 상승작용에 의해 각각을 더한 것보다 더 큰 리스크를 일으킬 수 있다는 사고방식에 따른 것이다. 1999년 세계보건기구WHO: World Health Organization의 진단 기준[6]이 발표된 이후 '신드롬 X'는 '메타볼릭 신드롬'이라는 명칭으로 흔

---

6 WHO의 진단 기준은 다음과 같다.
　　당뇨병, 공복 시 고혈당증, 내당능(耐糖能)장애, 인슐린 저항성은 필수이며 이 밖에 다음 중 두 가지 이상을 나타내는 상태
① 허리와 엉덩이 비율이 남성은 0.90, 여성은 0.85 이상

히 사용되고 있다(WHO, 1999).

일본의 경우 남녀 모두 40세 이상에서 메타볼릭 신드롬이 강하게 의심되는 자와 그 예비군의 수가 급증하고 있다. 40~74세 사이에서 그 비율은 남성은 2명 중 1명, 여성은 5명 중 1명으로 나타나고 있다(厚生勞働省, 「平成17年 國民健康·榮養調査」).

진단 기준에서 알 수 있듯이 메타볼릭 신드롬은 자기 신체의 부조不調를 자각적으로 경험하는 사태로서의 '증상'을 결여한다. 이 같은 현상은 특정 병인론을 토대로 한 임상의학과 다인자병인론을 토대로 한 리스크 의학이 대상으로 삼는 사람의 차이에서 발생한다. 특정병인론에서는 우선 증상을 가진 환자가 존재한다. 그리고 증상을 일으킨 (단일) 원인, 즉 환자의 심신 내부에 있는 병리학적인 실재로서의 질병이 존재한다.

반면 리스크 의학에서는 증상이나 병의 유무와 관계없이 공중위생적인 역학 연구에 의해 발견된 특정 리스크 또는 리스크 조합으로 인해 장래에 특정 질병이 발생할 가능성을 문제로 삼는다. 이 경우 환자 본인에게는 자각이 없는데도, 즉 환자는 지금까지 심신의 부조를 전혀 느끼지 못했는데도 건강검진 같은 의학적인 검사를 실시한 의료자에게서 '이대로 방치하면 큰일 날 수 있습니다'라는 (리스크에 관한) 설명을 듣게 된다. 바로 이때 비로소 병의 일종으로서 메타볼릭 신드롬을 경험한다.

2008년부터 일본에서는 메타볼릭 신드롬에 대한 국가 차원의 대책으로 복부 둘레 측정을 포함한 특정 건강검진, 면접에 의한 보건지도 등을 실시했다. 이에 관해 흥미로운 점은, 유럽과 미국 의학계에서 메타볼릭 신드롬

---

② 중성지방이 150mg/dl 이상 또는 HDL 콜레스테롤이 남성은 35mg/dl, 여성은 39mg/dl 미만
③ 혈압이 140/90 이상
④ 소변의 알부민 배설률이 20μg/min 이상 또는 알부민·크레아티닌 비율이 30mg/g 이상

의 존재 자체에 대한 회의적인 견해가 부각되었다는 사실이다. 2005년 미국 당뇨병학회와 유럽 당뇨병연구학회는 합동으로 발표한 「메타볼릭 신드롬: 비판적으로 평가할 때(The metabolic syndrome: time for a critical appraisal)」에서 "우리의 분석에 의하면 대단히 중요한 정보가 누락되어 있기 때문에 이 명칭(주: '메타볼릭 신드롬'을 말함)을 하나의 증후군으로 확언할 수 없다"라고 선언했다(Kahn et al., 2005).

지금부터는 리스크 의학의 질병관疾病觀에 초점을 맞춰 이 논쟁의 내용을 간단히 소개한다. 사실 메타볼릭 신드롬처럼 질병의 정의나 진단 기준이 모호하기 쉽다는 점이 리스크 의학의 특징 중 하나다. 이는 리스크 의학이 질병으로 생각해 개입 대상으로 삼는 것이 종종 임상의학에서는 질병이 아직 존재하지 않는 상태라고 말하는 것에서 유래한다. 해당 논문에서 메타볼릭 신드롬이 애매하다고 비판받은 것은 다음과 같은 세 가지 기준에서 리스크 설정에 자의성이 존재하기 때문이다.

첫째, 심혈관 장애 예방을 목적으로 하는 경우 복수의 리스크 가운데 어떤 것을 의학 리스크로 간주할지, 즉 리스크 선택에 자의성이 존재한다. 극단적인 예를 들면, 메타볼릭 신드롬 진단 기준에는 포함되어 있지 않지만 심혈관 장애와 관련된 리스크 요인으로 '성별(남성)' 또는 '연령(고령자)'이 중요하다는 것은 모두가 알고 있는 사실이다. 이 요인은 의학적인 치료나 헬스 프로모션을 통해 변경하기 어려운 것이다. 따라서 리스크 의학의 질병 개념을 구성하는 항목에서도 제외된다. 이 밖에 이론적으로 메타볼릭 신드롬에서 중요한 리스크 요인이라고 할 수 있는 '인슐린 저항성'은 검사 방법을 표준화하기 어렵고 임상 현장에서 사용하기도 어렵다는 이유로 진단 기준 항목에 포함되어 있지 않은 경우가 많다.

비만은 내장 지방의 양이 중요하지만 진단 기준에 내장 지방 자체의 정량定量이 포함되어 있지는 않다. 내장 지방을 정밀하게 검사하기 위해서는 컴퓨터단층촬영CT: Computed Tomography으로 그 양을 계측할 필요가 있기 때문이다. 모든 사람에게 CT를 실시하는 것은 어렵고 또 방사선 피폭의 리스크도 있다. 따라서 비록 부정확한 판정법이기는 하나 손쉽게 실시할 수 있는 '복부 둘레 측정'이 메타볼릭 신드롬을 정의하는 데 사용되고 있다. 즉, 리스크 의학에서 출발점이 되는 리스크 선택은 단지 생물의학적인 중요성이나 객관적인 리스크 크기뿐만 아니라 실제로 리스크를 진단할 경우에 발생하는 개입의 용이성에 의해서도 크게 영향을 받는다.

둘째, 복부 둘레, 혈압, 혈당, 중성지방, HDL 콜레스테롤 등 리스크가 대부분 수치화된 연속적인 데이터라는 점에서 자의성이 발생한다. 근대 의학의 틀 안에서는 의학적인 실천을 위해 정상 대 병이라는 이분법을 적용하는 방식이 필수다. 병원균이나 암세포의 유무 같은 것은 이분법으로 분류가 가능하다. 그러나 리스크의 크기는 검사 수치에 따라 연속적으로 변한다. 즉, 리스크와 관련해 연속된 수치 속의 어느 한 점에 대해서 정상 또는 비정상을 판정하는 일은 자의적일 수밖에 없다.

예컨대 일본에서는 메타볼릭 신드롬 진단 기준에 '남성의 경우 복부 둘레 85cm'라는 항목이 포함되어 있다. 하지만 심혈관 장애 리스크가 85cm를 기준으로 급변하는 것이 아닌 만큼 86cm면 비정상이고 84cm면 정상이라고 판정하는 일이 과연 합당한가? 복부 둘레의 정상 여부를 결정하는 구분선을 무엇으로 할지는 지금도 논쟁의 대상이다. 국제적인 기준으로는 남성 40인치(102cm) 이상, 여성 35인치(88cm) 이상이라는 기준 또는 남성 37인치(94cm) 이상, 여성 31인치(80cm) 이상이라는 기준이 사용되고 있다.

셋째, 메타볼릭 신드롬이라는 명칭 자체의 필요성에 관해서 자의성이 존재한다. 리스크 의학의 사고방식에 따르면 각각의 리스크는 독립적으로 중요하다. 그런데 이들 리스크 가운데 네 가지(비만·고혈압·고혈당증·지질대사 이상)만을 따로 떼어내 특정한 이름으로 부를 필요가 과연 있을까. 복수의 리스크를 하나로 정리해 이를 '메타볼릭 신드롬'이라고 이름을 붙인 배경에는 심혈관 장애의 병인을 하나의 리스크로 설명하려는 특정병인론이 존재한다.

예를 들면 비만, 고혈압, 고혈당증, 지질대사 이상의 리스크는 인슐린 저항성으로 인해 생긴다는 이론과 내장 지방의 축적으로 인해 생긴다는 이론이 있다. 이에 따르면 메타볼릭 신드롬은 하나의 병인으로 인해 발생하는 질병이다. 이 같은 특정병인론의 부활은, 리스크 의학의 근본적인 사고방식(다인자병인론)에 비춰보면, 하나의 병인만을 자의적으로 강조한 지나친 단순화라고 할 수 있다. 리스크 의학의 기본 전제에 따르면 리스크와 질병의 상관성은 확률에 근거하기 때문에 내장 지방이든 인슐린 저항성이든 단 하나의 궁극적인 병인으로 질병이 발생한 이유를 설명할 수 없다.

지금과 같이 검토하다 보면 메타볼릭 신드롬 비판파로 알려진 당뇨병학자 에드윈 게일Edwin Gale처럼 "메타볼릭 신드롬이라는 신화"를 부정하는 편이 좋겠다는 생각이 들지도 모른다(Gale, 2005). 하지만 이 또한 지나치게 단순한 견해다. 사회학적인 관점에서 보면 어떤 대상이 설사 신화라고 하더라도 이것이 사회에서 진리로 받아들여진 이유, 사람들을 움직이는 힘을 갖게 된 이유를 생각해봐야 한다. 이것은 리스크 의학을 임상 현장에 적용할 경우 특정병인론 대 다인자병인론이라는 이분법이 잘 맞지 않는다는 사실, 즉 양자는 뗄 수 없는 관계라는 사실과 관련한다.

다시 리스크 의학과 임상의학의 대비로 돌아가 보자. 임상의학에서는 병자가 심신의 부조로 증상이나 병을 경험한다. 따라서 병자는 병의 치유를 희망해 자발적·자주적으로 의료자의 지시를 따르고 사회적인 역할로서 병자의 의무를 다한다. 리스크 의학에서는 리스크 중 많은 것이 의료 기기를 통해 비로소 수치화되는 심신상태이거나 일상적인 라이프스타일 그 자체에 해당한다. 그런 까닭에 리스크 의학의 질병 개념으로 보면 병자가 증상이나 병처럼 이상이라고 감지하는 경험이 존재하지 않는 경우가 많다. 리스크 의학은 리스크를 가지고 있는 사람이 병자라는 사회적인 역할을 받아들일 수 있도록 눈에 보이지 않는 리스크를 가시화하는 데 애써야 한다.

메타볼릭 신드롬이라는 개념이 오늘날 널리 받아들여진 것은 고혈압, 고혈당증, 지질대사 이상 등 검사 기기가 없으면 알 수 없는 리스크를 모두 복부 둘레, 즉 배가 나왔는지와 결부해 가시화할 수 있었기 때문이다. 따라서 임상 현장에서의 리스크 의학은 다인자병인론에 기반을 두면서도 가시성이 높은 특정 리스크에 집중하는 경향이 있다. 다음 절에서는 이 같은 측면에 주목해 리스크 신체에 개입할 경우 초래할 수 있는 여러 문제점에 대해 검토해본다.

4. 건강 증진을 위한 리스크 관리의 문제점

1970년대를 전환점으로 현대사회의 의학이 병자의 신체가 아니라 리스크 신체를 대상으로 삼는 의학으로 변용했다고 볼 때, 리스크 의학에 기반한 헬스 프로모션의 증대가 과연 우리를 건강하고 행복하게 만들고 있을까? 건강 증진을 위한 다양한 개입에 부정적인 측면 또는 모종의 불만 같은 것이 수반되는 현상은 불가피한 일일까?

이것을 "리스크 신체가 만들어내는 리스크"라고 말한다. 이는 사라 네틀턴 Sarah Nettleton과 로빈 번튼 Robin Bunton 의 비판론을 참고해서 다음과 같은 세 가지 논점으로 정리할 수 있다(Nettleton and Bunton, 1995).

먼저 가장 단순한 논점으로, 리스크 의학이 건강 산업을 중심으로 한 소비문화에 이용당할 리스크가 존재한다는 점이다. 건강한 사람과 병자를 이분법으로 구분하는 것이 아니라 모든 사람을 리스크라는 그물망 안에 집어

넣는 리스크 의학에서는 개입 대상에 건강한 사람까지 포함한다. 즉, 그 대상 범위가 대폭 확대된다. 소비문화의 관점에서 이것은 시장 확대로 볼 수 있다. 개입 수법이 헬스 프로모션인 만큼 여기에는 다양한 식품과 보조물, 운동, 라이프스타일의 변경 등이 포함된다. 현대사회에서 건강산업에 대한 국가의 규제는 협의의 의료 분야와 비교할 때 대단히 느슨한 편이다. 따라서 의료 이외의 다양한 선택지를 위한 마케팅의 문은 크게 열려 있다.

여기서 주목할 점은 (통상의 상품과 서비스와 달리) 리스크 회피 수단의 소비가 질병 예방과 연결되는 것은 사실이나 눈에 보일 만큼의 뚜렷한 효용을 가져다주는 것은 아니라는 사실이다. 리스크가 실제 질병으로 귀결하는 것의 여부는 직접적인 인과관계가 아니라 통계적인 확실성에 해당한다. 리스크 의학의 개입 덕분에 건강을 유지하는 것인지, 개입 없이도 건강을 유지할 수 있었던 것인지를 개인이 판단하는 일은 불가능하다. 즉, 개인 수준에서 헬스 프로모션의 효과를 판단하기는 대단히 어렵다.

이 같은 상황에서 리스크를 표현하는 데 지나친 공포가 담기고 헬스 프로모션의 효과가 대단히 강력하다고 선전될 때 소비자인 개인은 취약한 입장에 놓이게 된다. 이처럼 무제한적인 소비문화에 리스크 신체가 노출되는 리스크가 큰 것은 분명하다. 하지만 소비문화에 침략당하지 않는다고 해서 리스크 신체가 안전한 것은 아니다.

문제가 되는 두 번째 논점은, 리스크 의학의 개입으로서 헬스 프로모션이 현대사회의 지배적인 가치관의 영향을 받아 본래의(이념형으로서) 리스크 의학에서 벗어나 도덕주의적인 연설로 변할 수 있는 리스크가 존재한다는 것이다. 리스크 의학은 다인자병인론에 따라 개인의 심신과 관련된 라이프스타일상의 리스크든 외부의 사회 환경에서 유래하는 리스크(이를테면 환경오염)든 간에 질병을 일으키는 모든 원인을 리스크로 취급해야 한다.

그러나 현대사회에서는 개인주의적인 가치관이 강하기 때문에 다인자 리스크의 개입 초점을 단순히 개인의 라이프스타일과 관련된 리스크에 맞추는 경향이 발생한다. 데버러 럽턴은 이를 다음과 같이 표현했다.

> 라이프스타일 리스크에 대한 연설은 현대사회에서 나타나는 건강에 관한 위험이 개인의 능력을 초월하는 것이라는 사고를 뒤엎는다. 이 같은 연설은 사회 전체의 이익과 당사자의 건강을 위해 각 개인에게 건강 리스크를 회피할 책임이 있다는 주장을 지배적인 테마로 형성한다(Lupton, 1995: 90).

리스크 대책을 개인주의적인 방향성으로 밀어붙일 경우 개인이 해결할 수 없는, 사회 환경에서 유래하는 리스크조차 개인의 책임에 속한다는 해석이 가능하다. 이 같은 '희생자 비난의 이데올로기(Crawford, 1977)'는 심혈관 장애를 입을 리스크가 높은 사람을 "과체중의 게으름뱅이, 담배를 피우는 절도가 없는 사람, 사소한 일로도 걱정에 사로잡히는 스트레스를 잘 받는 일 중독자"라고 희화적으로 묘사하고 있다(Lupton, 1995: 90).

아직까지는 메타볼릭 신드롬과 관련한 문제가 악의를 가진 도덕주의적인 관점으로 비난받는 일은 없었다. 그러나 앞으로는 특정한 보건지도에 따라 라이프스타일을 바꾸지 않을 경우 질병 예방을 위한 자기책임을 다하지 않으면서 의료비만 축내는 무책임한 인간으로 간주될 가능성이 있다. '건강증진법(2003년 제정)'에 의하면 국민은 건강 증진에 힘쓸 책무를 가지고 있기 때문이다.

다인자 리스크를 객관적으로 연구하고 개인주의적인 가치관이 미치는 영향을 제거하기만 하면 병자에 대한 도덕주의적인 비난에 빠지는 리스크에서 리스크 의학이 안전할 수 있을까? 아마도 그렇지 않을 것이라는 입장이 세 번째 논점이다.

리스크 의학은 리스크 신체에 대한 감시를 토대로 삼는다. 이것이 건강 증진이라는 선善을 추구하는 수단이라고 하더라도 감시라는 수법 자체가 안고 있는 부자유라는 특성을 무시할 수는 없다. 리스크 감시는 사회에 질서를 세우고 계산과 예측을 가능하게 만들지만 동시에 무질서에 대한 통제와 밀접한 관계를 가진다. 특히 라이프스타일을 개입 대상으로 간주할 때 일상생활의 세세한 것부터 가치관까지 감시가 가능하다. 게다가 리스크 의학에서 개인은 헬스 프로모션을 진행하는 사람들의 지원을 받는 존재이면서도 감시를 통해 수치화된 리스크를 스스로 의식하고 자기책임으로 통제하는 존재로 상정된다.

앨런 피터슨Alan Petersen은 리스크 의학과 관련한 개인의 실천이 강제가 아니라 자발적인 복종이라는 데 주목해 자기책임의 강조를 단순히 '희생자 비난의 이데올로기'로 부를 수는 없다고 다음과 같이 강조했다.

> 사람들이 리스크를 인정하고 관리하기 위해서 헬스 프로모션을 통해 어떻게 애쓰고 있는지 살펴보면 사회학자들이 지금까지 한 일, 즉 희생자와 비난자를 정확하게 판정하는 것이 얼마나 무의미한 일인지 알 수 있다. 결국 모든 사람이 스스로 희생자가 되고, 헬스 프로모션을 시행하는 사람들이 직접적으로 개입하거나 또는 강제하거나 혹은 벌을 주는 것처럼 보이지 않기 때문이다(Petersen, 1997: 195).

자기책임에 따라 리스크를 회피한다는 것은 얼핏 보면 자유롭고 합리적인 선택으로 생각될 수 있다. 그러나 어떤 것이 리스크로 간주되고 어디까지가 자기책임의 범위에 포함되는지는 사회적인 가치관에 의해 규정된다. 예컨대 흡연 리스크 또는 주변 사람에 의한 간접흡연 리스크를 얼마나 큰 리스크로 판단할 것인지, 그것을 통제하는 일을 개인의 자기책임에 맡길 것인지 아니면 공공장소 등에서의 흡연을 처벌하는 법률의 제정 또는 담배

산업에 대한 고액의 과세나 손해배상청구를 가능하게 하는 등 사회적인 차원으로 대응할 것인지는 문화와 시대에 따라 크게 달라진다. 다만 현대사회에서도 흡연 여부는 최종적으로 개인의 자기책임에 맡겨진다. 향후 리스크학의 과제는 이 같은 자기책임에 의한 선택을 통해 결과적으로 신자유주의적인 통치가 내포하고 있는 우울한 전망이 현실로 나타나는 것에 대해서 저항적·비판적인 관점을 제시하는 데 있는 것이 아닐까?

5. 앞으로의 과제

마지막으로 리스크 의학과 리스크 신체를 둘러싼 논점 중 이 장에서 상세하게 설명하지 못한 문제 세 가지에 대해서 약간의 설명을 덧붙인다.

첫 번째는, 유전자를 둘러싼 리스크 문제다. 20세기 말 인간 게놈 지도가 해독된 이후 인간의 유전자와 건강·병의 관련성을 대상으로 생물의학적인 연구나 신기술의 개발·응용이 가속하고 있다. 이 장에서는 건강과 병을 둘러싼 리스크 중에서 공중위생이나 역학과 관련된 분야와 라이프스타일에 관한 의론을 주로 다뤘기 때문에 유전자 리스크에 대해서는 논할 수 없었다. 이제는 리스크 의학이 유전자 리스크에 대한 이해를 심화하게 만들 뿐만 아니라 그것을 통제하는 방향으로 발전하고 있는 만큼 리스크와 우생학의 관련성도 리스크 의학의 주제가 되어야 한다.

인류를 유전적으로 개선하는 데 목적을 두고 있는 우생학은 일찍이 나치 독일이나 예전 일본에서의 '우생보호법'처럼 장애인의 인권을 침해한다는 이유로 강한 사회적인 비판을 받았다. 오늘날의 우생학(新우생학)은 개인의 자기결정에 의해, 이를테면 다음 세대의 유전자 리스크에 개입하는 데 목적을 두고 있는데, 이것이 과연 예전의 우생학과 완전히 다른 모습인지에 대해서는 의문을 제기하는 의론이 존재한다(櫻井徹, 2007; 山中浩司·額賀淑郎 編, 2007). 리스크 의학에서는 환경, 라이프스타일 등 여러 리스크 중 하나에 불과한 유전자 리스크가 유독 첨단 의료의 개입 대상이 될 정도로 중시되고 있는 현상이 가지는 사회학적인 의미를 분석할 필요가 있다.

두 번째는, 리스크 신체에 대한 신체적인 개입 수법이 강화하고 그 수준이 상승한 것이다. 이 장에서 주로 다룬 것은 헬스 프로모션을 통해 라이프스타일에 관한 리스크를 통제하는 수법이었다. 바로 이것이 이전의 임상의학과 비교할 때 리스크 의학적인 개입이 가진 특징이고 새로움이기 때문이다. 특정병인론을 따르는 생물 의학의 발전은 이를테면 유전자 수준의 조작, 분자 수준에서 작용하는 의약품, 뇌에 직접 영향을 가해 행동의 변용을 일으키는 수법 등을 통해 리스크를 직접적으로 통제하는 것이 가능하도록 만들었다. 그리하여 가령 오늘날 심혈관 장애 리스크 중 하나인 고콜레스테롤혈증은 라이프스타일을 변경할 필요 없이 고지질 혈중 약Statin으로 통제할 수 있게 되었다.

리스크 신체에서 문제는 '병 없는 질환'이다. 이것이 헬스 프로모션이 아니라 (협의의) 의학적인 개입 대상이 된다면 이는 의료가 지배하는 영역의 확대(의료화)를 의미한다. 이 같은 상황이 발생하면 그동안 리스크 의학의 발전에 따라 중시된 헬스 프로모션에 종사하는 의료관련직의 역할이 축소되고 다시 의사를 중심으로 한 전문가 지배의 경향이 강화될지도 모른다.

세 번째는, 의학적인 실천 자체가 만들어내는 리스크 문제다. 지금까지 의료 과실이나 치료 후 경과에 대한 예후 예측 등 의학적인 실천에서 봉착하는 리스크를 환자와의 관계에서 어떻게 통제할지의 문제는 의료사회학의 연구 주제로 많이 다뤄졌다. 의학적인 실천이 일으키는 리스크는 '인간에게 해를 입히지 않고 가능하면 질병의 치유를 가져오는 것이 의료'라고 하는 사회적인 규범을 위반한 일탈 행위로 취급된다.

다인자병인론을 따르는 리스크 의학이 등장하면서 의학적인 치료 결과 역시 확률적이며 리스크 회피는 불가능하다는 의식이 확산되었다. 가령 새로운 실험 치료에서 피험자(병자)는 리스크를 회피하지 않고 적극적으로 받아들이는 측면이 있다. 즉, '의학은 희생을 딛고 진보해야 한다'는 명제가 사회적인 규범으로 되어 있는 한 치료에 부작용이나 유효성에 관한 불확실성(리스크)이 존재하는 것이 일탈 행위가 될 수는 없다. 오히려 첨단 의료에서 "리스크를 떠안는 것"이 칭송되는 상황 속에서는 전통적인 생명윤리학에서의 피험자 보호 원칙이 마치 새로운 치료를 받을 권리를 부정하는 관료적인 규제 같은 것으로 받아들여질 수도 있다(Baker and Simon, 2002). 그런 의미에서 리스크를 무조건 회피해야 하는 부정적인 것으로 간주하는 울리히 벡이나 메리 더글러스의 접근 방식은 리스크를 매우 좁게 파악하는 것이라고 할 수 있다.

의료와 건강을 둘러싼 리스크를 다룬 이 장에서는 리스크 신체라는 문제의식에서 출발해 개인을 대상으로 한 임상의학과 1970년대 이래의 리스크 의학을 서로 비교하여 논했다. 하지만 실제 의학적인 실천을 주의 깊게 관찰하면 이 양자가 밀접하게 결부한다는 사실을 알 수 있다. 리스크를 둘러싼 여러 사태가 알기 쉽게 숫자로 표현되더라도 어느 것이든 눈에 보이는 것처럼 단순하지도, 객관적이거나 중립적이지도 않다. 리스크학이 하는 일은 뒤엉켜 있는 실을 공들여 풀어헤쳐나가는 작업과 흡사하다. 이는 현대사회에서 리스크 신체를 둘러싸고 있는 선택의 자유와 자기책임이라는 거추장스러운 겉옷을 벗어던지기 위한 첫걸음이라고 할 수 있다.

참고문헌

イアン・ハッキング 著. 1999.『偶然を飼いならす: 統計學と第二次科學革命』. 石原英樹・重田園江 譯. 木鐸社.

ウルリッヒ・ベック 著. 1998.『危險社會: 新しい近代への道』. 東廉・伊藤美登里 譯. 法政大學出版局.

櫻井徹. 2007.『リベラル優生主義と正義』. ナカニシヤ出版.

佐藤純一. 2001.「抗生物質という神話」. 黒田浩一郎 編.『醫療社會學のフロンティア: 現代醫療と社會』. 世界思想社.

メタボリックシンドローム診斷基準檢討委員會. 2005.「メタボリックシンドロームの定義と診斷基準」.≪日本內科學會雜誌≫, 94卷, 4号, pp. 188~203.

青井倫一・竹谷仁宏 編. 2005.「リスク社會論への視座: 腦から社會へ」.『企業のリスクマネジメント』. 慶應義塾大學出版會.

山中浩司・額賀淑郎 編. 2007.『遺傳子研究と社會: 生命倫理の實證的アプローチ』. 昭和堂.

山之內靖・酒井直樹 編. 2003.「身體のテクノロジーとリスク管理」.『總力戰體制からグローバリゼーションへ』. 平凡社.

Armstrong, David. 1995. "The rise of surveillance medicine." *Sociology of Health and Illness*, Vol.17, No.3, pp. 393~404.

_____. 2002. *A new history of identity: A sociology of medical Knowledge.* Palgrave press.

Baker, Tom and Jonathan Simon. 2002. *Embracing risk: The changing culture of insurance and responsibility.* The University of Chicago Press.

Becker, Lance, May Ostrander, John Barrett and George Kondos. 1991. "Outcome of CPR in a large metropolitan area-where are the survivors?" *Journal of Emergency Medicine*, Vol.20, No.3, pp. 355~361.

Castel, Robert. 1991. "From dangerousness to risk." in Graham Burchell, Colin Gordon and Peter Miller(eds.). *The Foucault Effect: Studies in Governmentality.* Chicago: The University of Chicago Press.

Cobb, Leonard, Carol Fahrenbruch, Michele Olsufka and Michael Copass. 2002. "Changing incidence of out-of-hospital ventricular fibrillation, 1980-2000." *Journal of American Medical Association*, Vol.288, No.23, pp. 3008~3013.

Crawford, Robert. 1977. "You are dangerous to your health: the ideology and politics of victim blaming." *International Journal of Health Services*, Vol.7, No.4, pp. 663~680.

Douglas, Mary and Aaron Wildavsky. 1983. *Risk and Culture: An Essay on the Selection of Technological and Environmental Dangers.* University of California Press.

Eckstein, Marc, Samuel Stratton and Linda Chan. 2005. "Cardiac arrest resuscitation evaluation in Los Angeles: CARE-LA." *Annals of Emergency Medicine*, Vol.45, No.5, pp. 504~509.

Fujioka, Shigenori, Yuji Matsuzawa, Katsuto Tokunaga and Seiichiro Tarui. 1987. "Contribution of intra-abdominal fat accumulation to the impairment of glucose and lipid metabolism in human obesity." *Metabolism*, Vol.36, No.1, pp. 54~59.

Gale, Edwin. 2005. "The myth of metabolic syndrome." *Diabetologia*, Vol.48, No.9, pp. 1679~1683.

Kahn, Richard, John Buse, Ele Ferrannini and Michael Stern. 2005. "The metabolic syndrome: time for a critical appraisal: Joint statement from the American Diabetes Association and the European Association for the study of Diabetes." *Diabetes Care*, Vol.28, No.9, pp. 2289~2304.

Kaplan, Norman. 1989. "The deadly quartet: upper-body obesity, glucose intolerance, hypertriglyceridemia, and hypertension." *Archives of Internal Medicine*, Vol.149, No.7, pp. 1514~1520.

Lombardi, Gary, John Gallagher and Paul Gennis. 1994. "Outcome of out-of-hospital cardiac arrest in New York City. The pre-hospital arrest survival evaluation(PHASE) study." *Journal of American Medical Association*, Vol.271, No.9, pp. 678~683.

Lupton, Deborah. 1995. *The imperative of health: Public health and the regulation of body.* SAGE publication.

Myerburg, Robert, Jeffrey Fenster, Mauricio Velez, Donald Rosenberg, Shenghan Lai, Paul Kurlansky, Starbuck Newton, Melenda Knox and Agustin Castellanos. 2002. "Impact of community-wide police car deployment of automated external defibrillators on survival from out-of-hospital cardiac arrest." *Circulation*, Vol.106, No.9, pp. 1058~1064.

Nettleton, Sarah and Robin Bunton. 1995. "Sociological critiques of health promotion." in Robin Bunton, Sarah Nettleton and Roger Burrows(ed.). *The Sociology of Health Promotion: Critical Analysis of Consumption, Lifestyle and Risk.* Routledge.

Petersen, Alan. 1997. "Risk, governance and the new public health." in Alan Petersen and Robin Bunton(ed.). *Foucault, Health and Medicine.* Routledge.

Reaven, Gerald. 1988. "Banting lecture 1988. Role of insulin resistance in human disease." *Diabetes*, Vol.37, No.12, pp. 1595~1607.

Rothstein, William. 2003. *Public Health and the Risk Factor: A history of an uneven medical revolution.* University of Rochester Press.

Short, James. 1984. "The social fabric at risk: Toward the social transformation of risk analysis." American Sociological Review, Vol.49, No.6, pp. 711~725.

Skolbekken, John-Arne. 1995. "The risk epidemic in medical journals." *Social Science and Medicine,* Vol.40, No.3, pp. 291~305.

Stiell, Ian, George A. Wells, Brian J. Field, Daniel W. Spaite, Valerie J. De Maio, Roxanne Ward, Douglas P. Munkley, Marion B. Lyver, Lorraine G. Luinstra, Tony Campeau, Justin Maloney and Eugene Dagnone. 1999. "Improved out-of-hospital cardiac arrest survival through the inexpensive optimization of an existing defibrillation program." *Journal of American Medical Association,* Vol.281, No.13, pp. 1175~1181.

Timmermans, Stefan. 1999. *Sudden Death and the Myth of CPR.* Temple University Press.

World Health Organization. 1999. *Definition, diagnosis and classification of diabetes and its complications: report of a WHO consultation. Part 1: diagnosis and classification of diabetes mellitus.* Geneva, Switzerland: World Health Organization.

제 4 장

정보화와 리스크

야마구치 세츠로 山口節郎

정보화사회의 도래와 더불어 새로운 리스크가 등장하고 있다. 잘 알려져 있는 인터넷 범죄 또는 정보 누설 외에 제4장에서는 정보화사회의 별칭이라고 할 수 있는 '감시사회'의 측면에서 정보화가 초래하고 있는 리스크에 대해 생각해본다. 우선 감시사회론의 계보를 훑어보고 사람에 의한 감시가 컴퓨터에 의한 데이터 감시로 대체된 사실의 역사적 배경을 짚어본다. 이어 데이터 감시가 초래하고 있는 리스크를 민주주의에 대한 위협으로 간주하고 이것을 ① 권력과 사회환경의 바람직한 양상에 관한 리스크, ② 개인의 프라이버시에 관한 리스크라는 두 측면에서 구체적인 사례를 들어 살펴본다. 이를 통해 현대사회에서의 감시는 '리스크 관리'라는 목적으로 이루어지고 있지만, 그것 자체가 이미 커다란 리스크를 형성하고 있다는 사실을 밝힌다.

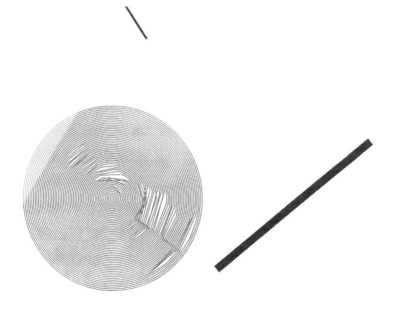

1. 머리말

1986년 울리히 벡의 저서 『위험사회』가 등장한 이래 많은 사람에게 리스크 사회라는 단어는 현대사회를 상징하는 말로 받아들여졌으며 이후 리스크를 주제로 한 수많은 책과 논문이 등장했다. 이뿐만 아니라 리스크라는 이름으로 다뤄진 영역도 인류의 생존을 위협하는 글로벌한 리스크부터 개인적인 리스크에 이르기까지 그 내용이 다종다양하다. 다만 지금까지 전개된 리스크론을 돌아볼 때 알 수 있는 사실은 당연히 살펴봐야 할 문제가 정식으로 취급되고 있지 않다는 점이다. 그중 하나가 '정보화' 또는 '정보화 사회'가 가져오는 리스크다.

데버러 럽턴의 『리스크(Risk)』(1999)는 지금까지의 리스크론을 총괄적으로 해설하고 있는 일종의 안내서다. 이 책은 서구 사회에서 확인된 리스크의 주요 범주로 '환경 리스크', '생활양식 리스크(식비·소비생활·성적 행동·자동차 운전·스트레스 등에 관한 리스크)', '의료 리스크', '인간관계 리스크', '경제 리스크', '범죄 리스크'라는 여섯 가지 항목을 거론하고 있다. 그러나 정보화사회와 관련된 리스크에 대해서는 아무 언급이 없다. 이를 언급하는 리스크론이 없는 것은 아니나 심도 있는 의론을 전개하고 있지는 않다(Denney, 2005; Hanseth, 2007 등).

이러한 사정과 그 배경에 대해 필자는 자세히 알지 못한다. 다만 프랑스 문화비평가 폴 비릴리오 Paul Virilio 의 다음과 같은 말은 음미할 가치가 있다.

> 어떤 사물을 발명하는 일은 하나의 우발사고를 발명하는 것과 같다. 배를 발명한 일은 난파難破를 발명한 일이다. 우주선의 발명은 동시에 공중폭발의 발명이다. 나아가 전자고속통신 또는 인터넷을 발명한 일 역시 일대의 위험을 발명한 것이다. 이 위험의 정체는 확실하게 밝혀지지 않았다. 이것은 난파나 공중

폭발에서 볼 수 있는 사망자를 발생시키지 않기 때문이다. 정보과학에서 발생하는 우발사고의 결과는 곤혹스럽게도 우리 눈에 보이지 않는다. 그것은 정보를 운반하는 전자파처럼 비非물질적이다(Virilio, 1996).[1]

정보화가 초래하는 리스크는 사망자를 발생시키는 것과 같은 실체적·물질적인 것이 아니고 오히려 "물질 붕괴의 사고" 또는 "시간이나 공간 같은 인간이 살아가는 데 근간이 되는 관념이나 중심 기축이 상실·붕괴되는 사태"라고 폴 비릴리오는 말한다. 필자는 그의 지적이 옳다고 생각한다.

필자에게는 그의 견해를 따라 리스크론을 전개할 수 있을 정도의 준비가 되어 있지 않다. 따라서 이 장에서는 '정보화사회에서 리스크 관리가 초래하는 리스크'에 대해서 '정보화사회'의 별칭인 '감시사회'에 대한 의론을 실마리로 삼아 논지를 전개한다. 이 문제에 대해서는 이미 많은 것이 논해져 있기 때문에 필자는 특히 민주주의에 대한 위협이라는 관점을 바탕으로 '권력'과 '프라이버시'라는 두 측면에 초점을 맞춰 나름의 정리를 해본다.

2. 포스트 파놉티콘 panopticon [2]

1993년 7월 ≪뉴요커≫에 한 토막의 만화가 게재되었다. 개 한 마리가 앞발을 컴퓨터 자판에 올려놓고 다른 개에게 이렇게 이야기하고 있다. "인터넷에서는 우리가 개라는 사실을 아무도 모르지……."

---

1 폴 비릴리오는 Virilio(2005)와 같은 저서에서 이 같은 "성공의 실패(재앙과 환난을 일으키는 것은 '진보'의 성공과 마찬가지라는 것)"에 대해 반복하여 논하고 있다.
2 [옮긴이] 원형 감옥(圓形監獄).

이 만화는 누구나 자기 신분을 감춘 채 정보를 상호 교신하는 가상공간을 자유로운 공동 공간으로 상징해 좋은 평가를 받았다. 그런데 이제 이 만화에 묘사된 세계는 과거가 되었다. 오늘날에는 기술 발달로 인해 컴퓨터를 조작하고 있는 주체가 개라는 사실을 넘어서 개의 종種, 나이, 털 색깔까지 알 수 있다. 심지어 그 개가 좋아하는 사료 브랜드와 개집의 위생상태까지 알아낼 수 있다.

이뿐만 아니다. 이 데이터를 동종 개의 데이터와 조합해 개의 건강상태와 개를 키우면서 주인이 가지는 금전적·개인적 부담의 크기를 알 수 있다. 더 나아가, 연령에 따라 발생하는 호르몬 변화가 개의 기질을 어떻게 변화시켜 주인과 사회에 어떤 리스크를 초래할 수 있는지를 예상하는 것까지 가능해졌다. 더 중요한 사실은 개의 특징에 관한 정보가 금전적인 가치를 가지며 정보 시장에서 매매된다는 것이다(Wall, 2006).

만화는 개로 비유해 말했지만 여기서 묘사한 것은 '포스트 파놉티콘' 또는 '슈퍼 파놉티콘'이라고 불리는 감시 장치가 작동되는 가운데 "숨을 곳이 사라진 상황disappearance of disappearance"에 내몰리는 오늘날의 우리 모습이다(Haggerty and Ericson, 2006). 우리의 익명성을 지켜내는 일과 다양한 기관과 조직에 의한 관찰에서 벗어나는 일은 점점 더 어려워지고 있다.

길거리에서는 물론이고 학교 안에서조차 감시 카메라가 우리의 모습을 살피고 있다. 얼굴 인식 시스템의 기술은 원리적으로는 1초에 백만 명의 얼굴까지 식별할 수 있을 정도로 진보했다고 한다. 이제는 주소, 이름, 성별, 생년월일, 직업, 근무처, 수입, 자산, 주거 소유 형태, 가족 구성, 이혼 이력 등은 물론이고, 소유 차종과 그 브랜드, 운전 이력(위반 이력), 고속도로 주행 기록이나 철도 승차 내역, 범죄 이력, 취미, 독서 경향, 좋아하는 음식, 은행 입출금 내역, 쇼핑 습관과 구입 내역, 여권 번호 또는 심지어 혈액형이나 지문, 장문掌紋, 눈의 홍채, 병력病歷, DNA까지 알 수 있다. 우리의 모든 행동 이력과 신체적인 특징이 국가와 경찰을 비롯한 공적 기관, 민간 정보전문 기업, 신용조사 기업에 의해 개별적으로 포착되어 데이터베이스 data base로 보존되는 일이 가능해졌다. 그리하여 데이터를 소지하고 있는 기관이나 기업이 한 개인에 대해 본인보다 더 상세히 알고 있는 경우도 드물지 않다.

일상생활을 세부적으로 포착하는 이러한 감시 활동이 무엇을 목적으로 하고 어떻게 행해지는지에 대해서 우선 의론의 요점을 정리해본다.

감시 문제를 다룰 때 항상 언급되는 대상이, 제러미 벤담Jeremy Bentham이 고안하고 미셸 푸코가 그 의의를 논한 '파놉티콘'이다(Foucault, 1975). 이 시설은 중앙에 설치된 감시탑과 그것을 둘러싼 형태로 배치된 독방으로 구성된다. 이 시설은 감시탑에서는 독방의 내부를 들여다볼 수 있지만 독방 안에서는 감시자를 볼 수 없도록 설계되어 있다. 이에 따라 죄수는 24시간 감시자의 시선을 의식하게 된다. 그 결과, 이 같은 시선이 내면화되어 죄수는 실제로 감시받고 있는 것이 아님에도 자신의 행동을 자발적으로 규율하게 된다. 즉, 주체 형성과 복종의 과정이 일체화된다. 미셸 푸코에 의하면 근대의 규율훈련형規律訓練型 권력은 이같이 '자기 스스로 강제적인 복종의 근원이 되는' 주체의 형성에 토대를 두고 있다. 권력과 주체 형성(복종)을 둘러싼 관계는 감옥뿐만 아니라 병원, 학교, 군대, 공장 등과 같은 자기관리적이고 인간의 다양성에 질서를 확보하는 일이 요구되는 근대적인 제도에서 널리 찾아볼 수 있다.

감시하는 자와 감시받는 자의 신체적인 공존을 원리로 삼고 있는 미셸 푸코의 감시사회론을 '관리사회론'으로 전개한 사람이 바로 질 들뢰즈Gilles Deleuze다. 관리사회론은 감시는 개인정보의 데이터베이스화를 토대로 이뤄진다는 관점을 따른다.

그는 더 이상 감시가 감시 환경에 개인을 가둬 놓고 지켜보는 행위를 통해 규율과 훈련을 부과함으로써 성립하는 것이 아니라고 말했다. 그리고 이제 감시는 닫힌 환경에서 개인을 해방시키며 동시에 그들에게서 추출한 데이터베이스를 바탕으로 행동이나 위치 같은 것을 끊임없이 관리하고 통제하는 과정을 통해 성립한다고 주장했다. 감시·관리의 대상은 이미 살아 있는 인간 또는 분할할 수 없다는 의미를 가진 개인individu이 아니다. 다양한 부위로 분할할 수 있고dividuel 데이터화할 수 있는 수치적인 신체다.

규율사회는 지령 언어에 의해 조정되었음에 비해 관리사회에서의 숫자는 암호로 기능한다(Deleuze, 1990).

감시 장소도 영역을 탈피해 개방 환경에서 끊임없는 관리가 진행된다. 예컨대 병원에서 해방된 환자는 데이케어day care나 재택간호제도를 통해, 학교에서 해방된 사람은 평생교육이라는 이름하에, 공장에서의 일률적인 감시 노동에서 해방된 사람은 기업의 대항·경쟁관계 속에서 '매 순간 자신을 변모시키는 자기 주조鑄造 작업'을 강요받는다. 개인 데이터를 내장한 전자 카드는 개인이 원하는 곳으로 갈 수 있도록 문을 여는 것을 허락하며 길을 터준다. 그러나 역시 동일한 카드가 당사자의 의도와 무관하게 갑자기 문을 닫아 개인의 출입을 차단한다. 여기서 중요한 것은 출입을 가로막는 장벽이 아니라, 컴퓨터가 적법성의 여부에 관계없이 개인의 위치를 산출해 보편적인 통제 행위를 하고 있다는 점이다.

질 들뢰즈가 지적한 감시사회에서 관리사회로라는 변화의 배경에는 무엇이 있을까? 이에 대해 이후의 의론과도 관련 있는 두 가지 사항을 언급하고 싶다. 그 하나는 감시의 목적이 변화한 것이고, 다른 하나는 정보통신기술이 발달한 것이다.

파놉티콘형 감시는 사람들을 공통의 가치 아래 포섭해 사회질서를 유지하는 데 목적을 두었다. 반면 질 들뢰즈가 묘사한 것의 밑바탕에는 리스크 관리가 있다. 이전에는 리스크 문제에 대처하는 일이 복지국가의 기능에 속했다. 복지국가는 근대화가 초래한 불확실성(안전의 부재)이 증대하는 상황 속에서 리스크(실업·질병·예기치 못한 사고 등)를 당한 사람의 생활을 재건하고 보상하는 안전망이자 "리스크 사회의 보완물"이었다(Beck, 1986).

이후 신자유주의 시장 사회의 도래와 더불어 복지국가는 퇴장을 강요받았다. 개인이 당하는 리스크는 개인의 책임으로 돌려졌고 이로써 국가는 보상 책임을 면제받았다. 결과적으로 리스크 관리는 시장 시스템의 원활한 가동과 시민 생활의 안녕을 방해하는 요인을 제거·억제하는 일을 목적으로 하는 국가의 주요 통치행위로 간주되었다. 따라서 이를 위한 감시가 중요성을 띠게 되었다. 다시 말해 사회질서를 편성하는 양식이 변했기 때문에 사회질서는 더 이상 기존의 도덕성이나 정의 같은 공통의 가치 기준으로 규정되지 않는다. 이제 사회는 리스크 관리라고 하는 비도덕적이고 기술적인 통치 기준에 의해 통합되고 있다.

범죄 리스크 관리를 예로 들어보자. 이전에는 사람들에게 사회적인 규범이나 도덕률을 내면에 습득시켜 범죄 행위를 막았다. 이 관리의 목적은 규율 훈련을 실시해 범죄자를 교정하고 사회로 돌려보내는 일(사회적 포섭)이었다. 하지만 이제 더 이상 동기부여나 가치의 내면화 같은 것은 신경 쓰지 않는다. 오늘날 범죄 리스크 관리는 리스크 계산을 바탕으로 범죄를 사전에 예측하고 선제anticipation적으로 억지하거나, 범죄 예비군을 시스템 교란 요인異物으로 간주해 일정한 공간에 가두어 격리하는 방식(사회적 배제)을 이용한다. 즉, 수사를 우선하는 사법경찰 우위에서 예방구속적인 행정경찰 우위로 전환되었다(古川利明, 2004).

최근 시큐리티security 의식이 높아진 현상이 이 같은 포스트 파놉티콘형 감시를 강화하고 있다(Boyne, 2000). 사회 속에 존재하는 범죄 원인을 찾아내고 이들을 제거함으로써 문제 해결을 꾀하는 방식은 빈발하는 범죄나 치안 악화를 정면으로 해결하는 것이 아니라 감시를 무기로 삼은 단속에 중점을 두는 것이다. 후자를 위해 동원되는 기술이 데이터 마이닝^{data mining}, 프로파일링, 시뮬레이션^{simulation}이다.

데이터 마이닝은 가공되지 않은 데이터에서 유용한 데이터를 추출하는 일이다. 프로파일링이란 잠재적인 리스크 요인(범죄 예비군)의 개요를 작성하는 일을 말한다. 시뮬레이션은 프로파일링을 바탕으로 사전 예측을 통해 실제로 발생할 가능성이 있는 위법행위나 범죄를 구성하는 것이다. 예측이 가능하면 감시의 눈을 표적에 집중해 불측의 사태에 대비할 수 있다. 이는 예방적인 감시와 선제공격을 통한 리스크 근절 방식이다.

> 가장 원활한 관리 형태는 …… 단지 효율적이기만 해서는 안 된다. 그것은 효율을 능가preefficient해야 한다. 문제가 출현하기 이전에 문제를 철저하게 배제해야 한다. 즉, 문제가 될 기회를 갖기 전에 문제를 배제해야만 한다(Bogard, 2006).

리스크와 기회는 표리 관계다. 리스크 관리의 중요한 목적에는 관리를 통해 리스크를 기회로 바꾸는 일도 속한다. 앞에서 감시 목적이 변화했다고 서술했는데, 이 목적에 치안 외에 또 하나 들어가야 할 것이 바로 감시가 상업적으로 확대된 현상에 관한 것이다.

기업 이익의 80%는 고객의 20%에게서 나온다고 한다. 그렇다면 환영할 수 없는 고객(리스크)은 뒤로 물리고 이익 산출의 주체인 20%에 속하는 상객上客(기회)에 초점을 맞춰 이들과 양호한 시장관계를 쌓아 나가는 일 ― 이것을 고객관계관리CRM: customer relationship management라고 한다 ― 이 기업의 주요한 과제가 된다. 이를 위해 꼭 필요한 것이 바로 고객의 개인정보다.

사람들은 오늘날의 치안 활동과 마케팅 사이에는 차이가 없다고 말한다. 감시 대상이 시민에서 소비자로 대체되었을 뿐이라는 것이다. 예전의 소비자와 달리 오늘날의 소비자는 대량생산되는 물품이나 서비스에 대해 흥미를 나타내지 않는다. 소비자 기호에서 개인화가 진행되고 시장은 더욱 세분화하고 있다. 가족 구성원 사이에서도 개인화는 진행되고 있다. 이제 이들의 행동은 핵적核的이라기보다 세포적細胞的이라고 형용할 수 있을 정도다(Evans, 2005). 가족이 함께 식탁에 둘러앉는 기회가 줄어들었으며 각자의 방에서 서로 다른 TV 프로그램과 광고를 시청한다.[3]

세분화한 욕구를 가진 소비자는 자신이 익명의 소비자보다는 특정 개인으로 다뤄지기를 바란다. 기업은 이 같은 시장과 소비자의 동향에 맞춰 대응해야 한다. 이제 대량생산·대량소비 시대에 통용되던, 대중매체를 이용한 무차별적인 광고에 의지하는 것은 비용 대비 효과라는 측면에서도 비효율적이다. 필요한 것은 표적을 좁혀 선제공격을 가하는 일이다. 즉, 세분화·단편화한 시장을 대상으로 핀포인트pinpoint 폭격(특정 목표에 대한 선별적인 폭격)처럼 맞춤화·개인화한 선전 활동을 전개해 기업이 스스로 필요한 소비자를 창출해야 한다.

사람들은 더 이상 개인 상점에서 사람과 대면하는 방식으로 물건을 구매하지 않는다. 그들은 이제 슈퍼마켓과 같은 대형 소매점을 이용한다. 이때 판매자와 구매자 사이에 익명성이 커진다. 이에 따라 고객의 개인정보에 관한 수요 역시 커진다. 그리하여 주소, 성명, 직업 등 앞에서 열거한 다양한 개인정보가 다투어 수집된다.

---

3 쌍방향 TV의 디스토피아(dystopia)적 성격. 이것이 시청자를 일대일 관계로 형성해 타기팅(targeting)한다는 시장 논리를 바탕으로 하는 독특한 감시 기술이라는 것과 TV가 '사회'를 창출하는 미디어라기보다 '분절된 조각(segment)'을 창출하는 미디어라는 것에 대해서는 Tinic(2006)을 참조하기 바란다.

이들 개인정보는 개별 기업이 수집한 것으로만 구성되지 않는다. 신용카드나 포인트 카드를 통해 수집된 것 이외에 오늘날 대기업으로 성장한 데이터베이스 기업과 신용조사 기업에서 구입한 것도 있고 기업 간 또는 국가기관 간 상호 교환을 통해 축적된 것도 있다. 여기서 중요한 사실은 "데이터베이스는 구조상 중심이 없고 흩어져 있는 형태임에도 통합적인 기능을 발휘한다"는 점(Whitaker, 1999), 즉 데이터베이스가 리좀rhizome적으로 증식해가는 '감시의 아상블라주assemblage'를 형성한다는 점이다(Haggerty and Ericson, 2000).[4]

'감시의 아상블라주'는 파놉티콘과 다르다. 이것은 국가 장치가 시민을 위에서 감시하는 방식sur-veiller이 아니라 기업이 소비자를 아래에서 감시하는 방식sous-veiller을 취한다. 즉, '빅 브라더big brother'를 대신한 '리틀 브라더스little brothers'에 의한 감시다. 소비자가 볼 때 이 감시는 강제된 것이 아니다. 데이비드 라이언David Lyon이 "감시사회는 전체주의적인 것이 아니다"[5]라고 말했던 것처럼 파놉티콘과 달리 사람들은 감시 시스템에 자진해서 또는 합의하에 자신의 개인정보를 편리성의 대가로 제공한다(Lyon, 2001). 포스트 파놉티시즘은 "참가형 파놉티콘"이다(Whitaker, 1999).

'감시사회에서 관리사회로'라고 하는 변화의 배경으로 감시 목적의 변화 외에 또 다른 하나가 정보통신기술, 즉 컴퓨터 성능의 향상이다. 개인정보를 결합하고 이를 소비자와 연결해 상품 매매로 유도하기 위한 조사 서류

---

4 리좀과 아상블라주 모두 질 들뢰즈와 펠릭스 가타리(Felix Guattari)의 용어다. 여기서 '아상블라주(모은다를 뜻함)'는 완만하게 통합된 데이터베이스 네트워크를 가리키고 '리좀(뿌리 모양의 줄기를 뜻함)'은 이 네트워크가 트리 모양으로 나뉘어 갈라지는 것이 아니라 포도 식물처럼 결절을 수평적으로 증식하는 형태를 띤다는 것을 가리킨다.

5 다만 데이비드 라이언도 지적했듯이 감시사회가 전체주의화할 잠재적 경향이 있다는 점을 간과해서는 안 된다. 라이언은 "전자적(電子的) 전체주의"의 위험성을 이야기한 바 있다(Lyon, 1998).

를 만들어내는 일은 컴퓨터가 있기 때문에 가능하다.

현대의 감시는 감시하는 자와 받는 자의 대면적인 상호작용으로 이루어지는 공존을 토대로 성립하지 않는다. 사람을 대상으로 사람이 하는 감시는 데이터를 대상으로 컴퓨터가 하는 감시dataveillance로 대체되었다. 감시의 아상블라주가 가능한 것도 수집된 데이터가 디지털화하고 조정되어 기존 데이터베이스와 쉽게 통합하기 때문이다. 디지털화한 감시의 아상블라주는 인간의 신체를 해체decoroprealize해 다양한 데이터로 단편화한다. 이 데이터는 축적되고 분석되며 서로 합쳐지고 필요에 따라 재결합된다. 그리하여 살아 있는 인간에게서 검색 가능한 가상의 '데이터 분신分身'이 만들어진다. 바로 이 분신이 생체, 기술, 정보가 집약된 '사이보그'라고 불리는 존재다. 사이보그는 인간이 일반적으로 가진 지각 이상으로 살아 있는 인간에게 액세스(access)할 수 있다(Haggerty and Ericson, 2000).

어느 개인이 표적이 되면 그가 알지 못하는 곳에서 그에 대한 모델이 작성되고 그의 아이덴티티가 인공적으로 재현된다. 개인은 표적 목표에 따라 예컨대 소비자, 노동자, 환자, 시민, 범죄 예비군 등으로 구성된 다음 더욱 상세하게 습관, 행동 양식, 취미, 기호 등이 재현되어 표적 담당자나 치안 관계자에게 제공된다.

이 같은 데이터베이스화가 감시 카메라를 이용한 얼굴 인식 시스템에 도입될 경우 컴퓨터로 보행자 얼굴을 자동적으로 축적·처리·검색하는 일이 가능해진다. 알고리즘적인 감시 아래에서는 사람이 직접 조작하는 감시 시스템에서 발생할 수 있는 불확실성이나 절충의 가능성은 사라진다. 디지털화한 감시의 눈길 아래를 통과하는 사람은 기계적으로 위법자 또는 준법자, 용의자 또는 비非용의자, 리스크 또는 호기의 어느 한쪽으로 분류된다. 이때 한 인간의 복잡한 개성과 행동 특성은 등한시되고 '전부 또는 없음(All or Nothing)'이라는 형태로 하나의 단순한 유형이 된다.

3. 정보화와 리스크: 민주주의에 대한 위협

지금까지 '감시사회에서 관리사회로'라고 하는 변화와 관련해 제기되는 주요 논점을 필자 나름대로 정리해보았다. 이 절에서는 이 같은 변화가 사회나 우리 일상생활에 초래하는 문제(리스크)를 '권력'과 '프라이버시'라는 두 측면에 초점을 맞춰 정리해본다.

1) 권력과 리스크

감시사회론의 선구자 데이비드 라이언은 감시사회화의 진행과 더불어 "쌍둥이 빌딩만이 아니라 민주주의의 타워가 붕괴하고 있다"라고 경고했다(Lyon, 2003). 감시는 배려와 관리라는 측면을 동시에 가지는 양의적兩義的인 행위다. 양자는 항상 긴장관계에 놓여 있다고 할 수 있는데, '9·11 테러' 이후 관계의 중심축이 배려에서 관리 쪽으로 현저하게 이동했다. 이 같은 관리 편향 상황 때문에 무엇이 침식되고 있을까? 이를 이해하기 위해서는 감시(관리)사회론의 정점이자 많은 논자를 매료시킨 '시민사회론'이 묘사하는 목표 개념인 '시민사회' 또는 '시민'과 대비해 보는 것이 편리하다.

예를 들면 시민사회의 개념사(概念史)에 밝은 메리 캘더mary Kaldor는 시민사회가 민주주의의 라디칼(radical)화를 지향한다고 주장하면서 이와 관련해 다음과 같이 정의했다.

"시민사회란 활동적인 시민권 또는 시민의식을 말하며 시민이 공식적인 정치기구가 아니라 외부에서 자기조직화와 정치적인 압력을 통해 자신의 생활 조건에 직접적으로 영향을 미치는 확대된 공간을 말한다"(Kaldor, 2003).

시민사회는 국가관료기구와 시장경제에서 독립해 이들에 대항하는 제3세력권으로 시민의 자발적인 결사와 집단으로 이루어지고, 숙의 민주주의 deliberative democracy라는 철저한 의론을 통해 도달한 의사 결정과 이에 따른 행동에 의해 국가정책이나 경제 시스템에 영향력을 미치는 것을 목표하는 시민의 활동 영역을 가리킨다. 그 담당자인 시민이란 "자립한 인간끼리 자유, 평등, 공정한 관계를 통해 공공사회를 구성하고, 사회 운영의 기본으로 자치를 선택하는 자발적 인간형"이라고 할 수 있다(山口定, 2004).

시민사회는 1970~1980년대에 걸쳐 정치적 자유와 민주주의를 추구하는 이전 공산권의 시민운동에서 재발견되었다. 현재 시민 연합association은 국경을 뛰어넘는 조직을 형성해 초국적超國的인 문제를 제기하고 해결하는 '글로벌 시민사회'의 실현을 진지하게 논하는 단계에 이르렀다.

'시민사회'는 기술적記述的인 개념이라기보다 규범적인 개념의 성격이 강해 이른바 유토피아에 머물고 있다. 이 점에서 시민사회는 감시사회를 비판하는 척도로 有용할 수 있다. 왜냐하면 감시사회는 시민사회의 정반대인 디스토피아로 생각되기 때문이다.

예를 들어 시민사회론에서는 자율적인 사람들의 자유, 평등, 공정한 관계에 따른 공공사회 설립을 지향한다. 윤리적·도덕적인 통치 기준을 토대로 사회질서를 구축하려고 한다. 반면, 앞서 언급했듯이, 감시사회에서는 통치행위를 리스크 관리로 환원하고 비이념적·비도덕적인 정치 산술로 질서 문제를 처리한다. "정부나 기업가는 더 이상 공평, 정의, 평등 또는 정당성 같은 전통적인 개념에 구속받지 않는다"(Gandy Jr., 2006).

게다가 감시사회가 지향하는 시큐리티의 내용 역시 의문스럽다. 이 사회에서는 시큐리티가 신체의 안전과 동의어로 통용되는데 정작 안전성 확보의 정도는 생물학적인 자기보존이라고 하는 비정치적이고 동물적인 수준에 머무르기 때문이다. '안전'에는 생물학적인 신체의 안전 이상의 의미

― 예컨대 정치적 이념, 사상, 신조 등을 두려움 없이 표현할 수 있는 자유 ― 가 포함된다. 그러나 감시사회에서는 그런 의미의 안전을 구하는 목소리가 (누구라도 반대할 수 없는) 생명의 안전을 구하는 큰 목소리에 묻힌다. 더욱 이 문제는 이러한 시큐리티(생명의 안전)를 구하는 목소리가 실제로 이를 위협하는 근본적인 문제를 해결하기 위해 노력하지 않는다는 것이다. 이를 위해서는 기술적인 단순한 대증요법을 뛰어넘는 공정, 정의, 평등 등의 가 치나 이념과의 대결을 피할 수 없기 때문이다.

'가치관과 질서의 붕괴', '이데올로기 영역과 시큐리티 영역의 괴리'는 가 치관이나 규범의식의 다양화를 전제로 하는 포스트 파놉티콘의 형태를 취 하고 있는 현대사회의 숙명일지도 모른다(東浩紀, 2002~2003).[6] 그리고 사 람들 사이에 합의가 성립되는 것은 오직 생명의 안전에 관한 문제밖에 없 을지도 모른다.

이러한 상황에서 정치적 지배(권력)의 정당성은 어디에 기반을 두고 있 을까? 근대 법치국가의 정당성이 기반을 두는 근거로서 합법성은 제 기능 을 충분히 발휘하고 있다고 말하기 어렵다. 감시사회에서는 법 제정을 위 한 민주적인 절차와 이것의 기본 전제가 되는 수많은 조건이 도청·도독盜讀 이외에 다양한 추적 수단으로 침해당하고 있기 때문이다. 게다가 시민권의 축소 또한 진행되고 있다. 이 같은 현상은 시민사회론이 묘사하는 이미지 와 어울리지 않는다. 이 사회에서는 국가에 의해 모든 시민이 범죄 예비군 으로 간주되는 경향이 있으며 정치적인 행동과 범죄 사이의 구별은 점점 더 모호해진다.

감시와 권력의 관계에서 주목해야 하는 또 다른 문제는 감시사회화가 권력 기구 그 자체와 기능을 불투명하게 만들고 감시하는 자와 감시받는

---

6 이 글은 관련 연재물과 東浩紀·大澤眞幸(2003)에서 많은 시사를 얻었다.

자 사이에 부조리한 일방적인 상호관계를 구축한다는 사실이다.

권력관계는 상대방과의 관계에서 내가 제어할 수 있는 불확실성의 범위와 무게에 따라 결정된다. 다시 말해 중요한 문제에서 상대방이 나의 행동을 알 수 없고 예측할 수 없게 만들 수 있다면, 그 정도에 따라 상대방이 나에게 의존하는 정도도 커진다. 그 예가 파놉티콘이다. 교도관과 수인 관계에서 힘의 차이는 '보는 자-보이는 자'라는 입장 차이에서 발생한다. 권력 또는 지배적 입장인 사람은 상대방을 볼 수 있지만 상대방은 그를 볼 수 없다. 감시 행위에 디지털 시스템을 도입한 것은 '보는 자-보이는 자'의 관계에서 인간의 개입으로 인해 발생하는 불확실성을 배제하는 새롭고 획기적인 방법이었다.

디지털 시스템을 제어하는 프로그램을 '코드'로, 이 코드에 의해 구축된 정보환경을 '아키텍처architecture'라고 부른다. 로렌스 레식Lawrence Lessig은 코드와 아키텍처가 가상공간을 규제하고 제어한다고 말했다(Lessig, 1999). 이들은 가상공간의 '법'이라고 할 수 있다. 이들은 가능한 것과 가능하지 않은 것을 결정한다. 그런 의미에서 "가상공간의 아키텍처는 권력자"이고 "코드 작자는 입법자"다. 따라서 "코드는 디지털 시대에서 벌어지는 다양한 권력 투쟁의 중심에 위치"한다(Berney, 2004).

우리는 가상공간에서 권력이 어떻게 배치되는지 알아야 한다. 더 나아가 권력의 근원은 무엇인지 파악해야 한다. 코드가 "우리가 근원적이라고 생각하는 가치를 지킬 수 있도록 가상공간을 구축하고 조성하는 코딩을 할 수도 있고, 그런 가치가 소멸되도록 코딩할 수도 있기" 때문이다(Lessig, 1999). 여기서 코딩은 결코 공학적인 문제가 아니다. 이것은 대단히 정치적인 문제다. 그럼에도 이 문제는 세상에 알려지지 않은 채 우리가 모르는 곳에서 처리된다. 즉, 전자 기술을 사용하는 불투명한 정치적인 지배가 진행되고 있다.

통제하는 쪽은 네트워크의 코드를 알고 있지만 통제받는 쪽은 그것을 알지 못한다. 소프트웨어는 특정인의 소유물이고 그 내용은 비밀로 유지되기 때문에 소유자 외에는 만들 수 없다. 일반적인 사용자의 경우 한 번 네트워크에 들어가면 알 수 없는 아키텍처의 포로가 된다(Castells, 2001).

필자는 권력의 양상과 관련 있는 또 하나의 리스크로 사회 환경의 경직화를 말하고 싶다. 앞에서도 이야기했듯이 국가의 리스크 관리 목표는 위법행위나 범죄를 예측하고 그것을 사전에 봉쇄하는 데 있다. 그 목표는 '범죄 없는 사회'다. 범죄 없는 사회를 지향하는 것이 통치와 치안 활동 또는 단속policing 사이에 경계를 사라지게 할 수도 있다는 것에 대해서는 이전에도 지적된 바 있다(古川利明, 2004). 감시를 통해 범죄와 불법행위를 철저하게 단속하는 것은 리스크를 없애기는커녕 오히려 감시체제를 한층 더 강화하는 결과를 가져오기 쉽다는 것을 필자는 지적하고 싶다.

"제로 리스크를 추구하는 행위가 바로 최대의 리스크"라고 말한 아론 윌다브스키Aaron Wildavsky는 예측·선제를 통해 리스크를 저지하겠다는 생각을 "관리 가능성의 신화"라고 칭했다. 그리고 미래에 일어날 일을 사전에 모두 예측하는 일은 불가능하기 때문에 리스크 회피를 위한 이론 또는 대책으로 리스크 발생을 완전히 억지하는 것보다는 시행착오를 통해서 발생할 가능성이 높은 리스크를 완화하는 것을 목표로 하는 편이 더욱 현실적이라고 말했다(Wildavsky, 1979, 1988). 그에 따르면 일어날 수 있는 모든 범죄를 사전에 예측하는 일은 불가능하다. 그럼에도 범죄의 완전 봉쇄를 목표하면 리스크가 예상될 때마다 감시체제를 강화할 수밖에 없다.

프로파일링이든 시뮬레이션이든 간에 예상이라는 것은 모두 개연성으로 평가할 수밖에 없기 때문이다. 완벽하게 적중하는 예측은 없기 때문에 예측이 가져올 성과를 적확하게 평가하기는 대단히 어렵다. "바로 이 어려움이 리스크 강화 부담을 요구하는 논리에 대한 반론을 봉쇄한다"라고 에시타 마사유키江下雅之는 말한다(江下雅之, 2004). "어떤 테러 징후를 포착해 이를 막기 위한 사전 경고를 보냈는데 테러가 실제로 발생하지 않은 경우 사전 경고가 테러를 막은 것인지 아니면 테러 징후라고 생각한 것이 엉터리 정보에 불과했는지를 구별할 수 없으며 테러를 방지하는 사전 경고 없이 테러가 발생한 경우 우리는 당국의 역부족을 비난하고 감시체제의 강화를 요구할 것이 틀림없기" 때문이다.

시행착오를 통해 리스크를 완화하는 방법보다 예측·선제를 통해 리스크를 억제하는 쪽이 더 큰 대중 호소력을 가진다. 이것이 아론 월다브스키가 말한 것처럼 "후회에 대한 공포"에서 초래하는 것이라면 그다음 행동은 완전을 목표로 감시체제를 한층 더 강화하는 것일 수밖에 없다. 이 같은 상황 속에서 사회 환경은 더욱 경직되고 여유는 사라진다. 따라서 사람들은 늘 긴장감과 경계심의 중압에 눌려 살아갈 수밖에 없다.

어니스트 겔너Ernest Gellner는 마르크스주의의 실패 원인이 일상생활을 성스럽게 생각하고 신앙을 떠나 있는 것의 의미를 인정하지 않았던 것에 있다고 본다. 마르크스주의에서는 경제활동이 성스러운 행위로 간주되었는데, 이것은 신앙을 시험하기 위한 근거로 기능했다. 사랑이나 자유가 아니라 노동이 찬양되었고 사람들은 신앙을 의심받는 일이 두려워 단 한순간도 경계심vigilance을 풀 수 없었다. 그러나 어니스트 겔너는 말했다.

"보통의 인간에게는 성스러운 것뿐만 아니라 속된 것도 존재하는 정신적으로 충화된 세계가 필요하다. …… 인간은 성스러운 것에 ― 중간중간에 틈을 두면 좋아할지라도 ― 하루 종일 몰두할 수 없으며 신앙을 떠난 곳에서 마음의 긴장을 내려놓을 필요가 있다. 마르크스주의의 과오는 아마도 이 신앙을 떠나 있는 행위profanity를 부정한 데 있다"(Gellner, 1994).

즉, 인간은 끊임없이 'on' 상태로 살 수 없다.

로버트 오웬Robert Owen의 감시사회 역시 신앙을 떠난 곳에서의 휴식('off' 상태)을 결여한 사회이자 사람을 끊임없는 경계상태로 몰아넣는 사회다. 아파트 단지에 설치된 감시 카메라가 외부인을 추적하는 것이 아니라 단지 주민의 쓰레기 버리는 행동까지를 관찰한다면 사람들은 누군가에 의해 끊임없이 감시당한다는 의식을 할 수밖에 없다. 우리는 이를 오웬적인 '경계사회vigilance society'에 다가가고 있다고 해야 하지 않을까?

2) 프라이버시privacy 리스크

프라이버시는 정의하기 어려운 개념이다. 이것은 "마이너스의 자유(이사야 베를린Isaiah Berlin에 따르면)"이며 언론의 자유 같은 플러스의 권리가 아니기 때문이다(Keefe, 2005). 이것은 19세기 말 미국에서 "혼자 남을 권리the right to be left alone"로 정의되었다.

인격 불가침의 원칙에서 유래한 이 개념은 수동적인 프라이버시권權으로 '올드 프라이버시'라고 한다. 1960년대 컴퓨터화가 진행되면서 자신에게 속한 정보의 '자기 통제권the right of individuals to control access to their information'을 뜻하는 능동적인 프라이버시 개념이 등장했다. 이것을 '뉴 프라이버시'라고 부른다(古川利明, 2004; Whitaker, 1999). 여기서는 주로 후자를 다룬다.

정보화는 이런 의미를 가진 '뉴 프라이버시'에 어떤 위기를 초래하고 있을까? 이 문제와 관련해 영국 사회정책학자 페리 6Perri 6는 프라이버시 리스크로 다음과 같은 네 가지 항목을 들었다. 그것은 ① 불공정injustice, ② 정보관리권 결여lack of control of information, ③ 존엄의 상실loss of dignity, ④ 성가심·부자유inconvenience 이다(Perri 6, 2006). 이제 이들을 실마리로 삼아 우리가 직면한 프라이버시 문제에 대해 생각해본다.

(1) 불공정

불공정은 올바르지 못한 정보나 낡은 정보를 사용해 부당한 취급을 받거나 손해를 입는 것을 말한다. 예를 들어 의료 기관에서 잘못된 개인정보가 사용된다면 심각한 의료사고를 일으킬 수 있으며 경우에 따라서는 사망까지 초래할 수 있다. 그것이 자격심사나 신원조사에 사용된다면 공적 서비스 이용에 제한되거나 거래가 성립되지 못하는 원인을 형성할 수도 있다. 데이터베이스를 이용한 신용조사 보고서 가운데 70%는 적어도 한 가지 이상의 오류를 포함하고 있다(Haggerty and Ericson, 2006).

하나의 데이터베이스에서조차 사정이 이러하다면 전체가 어떠할지는 미루어 짐작할 수 있다. 더욱이 정부가 정보 수집을 외부에 위탁하는 경우가 늘어나고 있으며 이에 따라 데이터의 정확성 여부를 확인하고 오류를 수정할 필요에서 정부는 해방된다. 이러한 부담의 면제와 무책임이 전 세계에 커다란 영향을 미친 사례가 있는데, 바로 플로리다 주에서의 개표 결과가 모든 것을 결정한 2000년 미국 대통령 선거다.

플로리다 주는 민간 개인정보기업에 유권자 리스트 작성을 위탁했다. 작성 과정에서 이 기업은 실수로 유권자 명부에서 8천 명이나 되는 유권자(그중 다수가 아프리카계 미국인이었다)의 이름을 말소했다. 이들의 투표권 회복을 위한 절차는 복잡했고 이를 위한 시간적인 여유 역시 없었다.

> "그와 같은 분류상의 오류 때문에 배제된 사람들이 모두 앨 고어[Al Gore]에게 투표한다는 것은 있을 수 없는 일이다. 그러나 그들이 조지 부시[George Bush]를 지지한다는 것은 그보다 더 있을 수 없는 일이다. 어쨌든 유권자 명부에서 말소된 사람의 수는 역사에 기록해야만 할 정도로 근소한 표차를 훨씬 능가하는 것(주: 537표)이었다"(Gandy Jr., 2006).

다시 말해 개인정보 데이터베이스의 오류가 민주주의의 근간을 흔들고 글로벌화 시대를 사는 전 세계인의 운명을 결정하는 일이 어렵지 않게 되었다(O'Harrow Jr., 2005).

(2) 정보관리권 결여

이것은 '뉴 프라이버시' 자체와 중첩한다. 여기서 문제가 되는 점은 개인이 자신의 어떤 정보가 어떤 수단을 통해 어디에서 수집되었는지를 알지 못한다는 사실이다. 더 나아가, 수집된 정보가 본인의 동의나 협의 없이 판매, 전재, 공유되어 그것이 수집될 때와는 다른 목적으로 이용될 수 있다는 점이다.

최근 사람들의 시큐리티 의식이 높아지면서 효율이나 편리함과 교환하는 '프라이버시 침입'에 대한 관용도가 증가하고 있다. 사람들이 알고 있는 것은 누군가가 자신에 대한 데이터를 갖고 있다는 사실뿐이다. 그 데이터를 이용해 행해지는 일에 대해서는 거의 알지 못한다.

여기에서도 앞에서 이야기한 '일방적인 상호관계'에서 유래하는 권력이나 세력의 격차 문제가 발생한다. 오스카 간디 주니어Oscar Gandy Jr.는 사람의 이미지, 약력 또는 심지어 인격 같은 것을 타인이 무단으로 소유하고 이용할 때 위협받는 대상은 피해자의 자기결정권이라고 말했다.

> "아무도 불러들이고 싶지 않은 영역에 들어올 수 있는 타자는 그 영역의 주인보다 우월한 존재라고 간주할 수 있다. 침입이 명백한 합법성 아래에서 행해진다면 침입자는 영역의 주인보다 신분이나 가치가 높은 존재라고 할 수밖에 없다. …… 자유의지에 의해 타자의 영역에 침입할 수 있는 자는 그 영역의 주인에 우선하는 주인이다"(Gandy Jr., 1993).

감시는 단순히 본다는 능력을 넘어서 상황을 정의하는 능력이자 권한이다. "감시를 통해 포착된 이미지에 대한 해석권을 부여받은 사람 — 상황에 대한 공적 정의를 결정하는 사람 — 은 우월적 지위에 있는 사람"이다(Doyle, 2006). 수집되고 축적된 개인정보는 단순한 데이터가 아니고 가치중립적인 숫자 집합이 아니다. 그것은 어떤 의미나 목적으로 수집된 대상이다. 개인정보에는 무엇을 선이나 악으로 간주할지, 또는 무엇을 호기나 리스크로 간주할지에 대한 해석이 포함된다. 낱낱의 감시 행위를 통해 상황에 대한 재정의와 재확인이 이루어지고 세력이나 권력을 둘러싼 사회적인 지도가 재생산된다.

개인이 알지 못하는 곳에서 개인에 대한 정보가 수집되고 이용되는 것은 단순한 사권私權으로서의 프라이버시 침해라는 문제에 그치는 것이 아님을 알 수 있다(Margulis, 2003). 프라이버시 문제는 상황의 정의를 둘러싼 공적·정치적인 문제이기도 하다.

(3) 존엄의 상실

여기서 문제가 되는 점은 개인정보 수집과 개인에 대한 프로필profile 작성이 타인의 비밀의 방에 밀고 들어가는 것과 같은 방식으로 행해지거나, 개인에게 오명을 씌우고 이를 실제로 있었던 사실로 강요하는 방식을 통해 이루어진다는 것이다. 여기에는 익명성의 상실과 개인정보의 부당한 공개 같은 것도 포함된다.

피터 버거Peter Berger는, 아이덴티티는 타자와의 상호작용 속에서 취득되는데, 그것은 타자에 의해 확인되었을 때 비로소 자신의 것이 된다고 말했다. 우리 신체의 특징이나 행동의 흔적이 정보단위data element로 치환되고 아상블라주를 통해 만들어진 우리의 '데이터 분신'이 본인 이상으로 본인에게 액세스할 수 있다면 '나는 누구인가'를 확인해주는 상대방은 살아 있는 인간이 아니라 컴퓨터 또는 거기에 등록된 데이터베이스다. 즉, 나의 아이덴티티가 현실 세계에서 타자와의 상호작용에 의해 만들어지는 것이 아니라 가상공간에서 심지어 내가 관여하지 않은 상태임에도 컴퓨터에 의해 일방적으로 구성되어 나에게 강제된다.

> "개개인이 컴퓨터 데이터베이스에 알려져 있고 또한 그 안에서 명확한 인격을 가지고 있다. …… 개개인의 아이덴티티는 실제 사람에 대해서는 무지한 채 컴퓨터끼리 행해지는 커뮤니케이션의 기초를 제공한다. 그러한 아이덴티티가 무해無害할 수는 없다. 그것이 개인의 생활에 심각한 영향을 미칠 수 있기 때문이다. 또한 FBI에 의한 조사, 사회적인 지원의 정지나 신용, 고용, 주거의 거부에 관한 이유가 될 수 있기 때문이다"(Poster, 1995).

개인의 아이덴티티 작성을 위해 일상생활의 흔적뿐만 아니라 신체의 프라이버시 – 예컨대 DNA 정보 – 까지도 무단으로 이용되고 매매된다면 프라이버시 침해는 문자 그대로 개인의 존엄에 대한 모욕이다.

데이터 분신은 살아 있는 인간의 정확한 복사체가 아니라는 사실에 대해서도 주의해야 한다. 데이터 프로파일링은 항상 현실을 단순화해 분신을 만들어내기 때문이다. 나에 대해 어떤 데이터 분신이 만들어지는지는 무엇을 위해 어떤 사람이 어떤 코드를 사용해 데이터를 수집, 조작했는지에 따라 달라진다. 날마다 상호작용하는 현실 상황에서 끊임없이 확인, 수정, 재구성되는 '전기적傳奇的 아이덴티티'와 달리 데이터 프로파일링에 의해 구성되는 아이덴티티는 이용자가 사용하기 쉬운 방식으로 만들어진다.

현실 세계 속의 실제 인간은 복잡한 존재다. 인간의 행동은 일관성을 결여하는 경우가 많으며 모순에 차 있다. 가상공간에서 우리의 그림자라고 할 수 있는 자아는 그렇지 않다. 인공적으로 재현된 아이덴티티는 이용자가 당사자에 대한 예비지식이 없더라도 액세스할 수 있도록 단순하게 만들어진다. 또 행동을 예측할 수 있도록 일관성 있는 존재로 만들어진다.

> "예측이 특정 개인의 과거 행위에 관한 정보를 바탕으로 이루어질 필요가 없고, 개인이 가진 몇 가지 특성에 의해 결정된 계급 또는 조직에 속하는 타인의 행위에 의거하기만 하면 가능한 수준까지 이르렀다"(Gandy Jr., 1993).

사람들은 특정 지역의 주민이라는 사실만으로도 특정 아이덴티티를 강요받으며 삶의 여러 기회를 박탈당한다.

신체 정보까지 포함해 우리의 프라이버시에 관한 정보가 점점 더 우리의 것이 아니게 된다. 그것은 수집하는 민간 기업의 것이고, 또한 시큐리티 확보와 행정의 효율화를 명목으로 직접 수집하거나 또는 민간 기업에게서 매입한 정부 기관의 것이다. 게다가 참여형 파놉티콘 아래에서 우리는 자신의 프라이버시를 자발적으로 넘겨주는 경우가 많으며 스스로 벌거숭이가 되는 일을 싫어하지도 않는다. 이 같은 경향이 계속될 때 우리를 기다리고 있는 것은 시민 의식 또는 시민권의 붕괴다.

사람들은 구소련의 사회보장제도가 자본주의사회의 제도를 능가하는 면을 가지고 있다고 생각하는데, 그 제도가 원자화하여 무방비해진 개인이 국가가 바라는 대로 행동해주는 것에 대한 일종의 보답으로 존재했다고 말한다. 오늘날 일상의 안녕이 우리의 프라이버시를 치안 당국에 넘겨주는 것을 교환 조건으로 하고 있다면 이는 곧 시민권의 포기라는 점에서 우리와 구소련의 시민 사이에 큰 차이는 없다.

경우에 따라서 프라이버시를 양도하는 일은 생각하는 행위조차 타인에게 맡기는 결과로 연결될 가능성이 있다. 협조적인 프로파일링, 즉 고객참가형 프로파일링에서 이 경향을 엿볼 수 있다. 잘 알려진 사례로 인터넷 쇼

핑몰 아마존의 도서 추천 방식을 들 수 있으며 CRM을 받아들인 상법이 지향하는 것 역시 이것과 연관되어 있다. 이를 초래하는 전형적인 방식은 여러 선택지를 앞에 놓고 망설이는 사람을 대신해 특정한 선택지를 시사하고 추천함으로써 의사 결정에 회로를 부여하는 것이다. 이것은 기업에게 사전 동의 informed consent 하에 자신의 행동 기록, 취미, 기호 등에 관한 정보를 위탁한 결과로써 성립한다. 이러한 아이덴티티의 인도 과정에서 사전 양해가 필수 조건인 만큼 이 같은 일련의 상황을 문제라고 생각하지 않을 수도 있다. 그러나 여기에는 자신에 대해서 공들여 생각하지 않게 되는, 또는 생각하는 행위까지를 타인에게 대행하게 되는 위험성이 수반한다.

휴대폰에 친구나 거래처 등의 전화번호와 이메일 주소를 등록해놓고 시계, 메모, 일상생활에 필요한 정보나 과거의 통신기록을 입력해 휴대폰이 "거의 목숨과 같은 존재"가 된 상태를 사이토 다카오 齋藤貴男 는 "뇌의 아웃소싱(outsourcing)"이라고 명명했다(齋藤貴男, 2004). 앞으로 많은 기업이 채택할 것으로 예상되는 협조적 프로파일링도 이것의 한 예다. 일찍이 문자가 발명된 이래 인간은 기억의 아웃소싱을 두려워했다고 한다. 사람이 문자를 배우면 플라톤 Plato 이 말한 "나 자신 이외의 것에 새겨진 표지 標識"에 의지하면서 기억력 훈련을 소홀히 하고 스스로 생각하기를 그만두게 된다는 것이다. 이제 우리는 기억하는 행위뿐만 아니라 사고하는 행위까지 아웃소싱하기 시작했다. 바로 이 부분에서도 인간의 존엄성이 위태로워지고 있다.

(4) 성가심·부자유

여기서 지적할 점은 자신에 대해 수집되고 있는 정보와 이를 통해 이루어지는 일을 알고, 잘못 입력된 데이터를 수정하기 위해서는 대단한 노고가 필요하다는 사실이다.

경우에 따라서는 데이터베이스 기업에 대가를 지불하고 자신을 대상으로 수집되는 정보를 알아낼 수 있다. 하지만 이를 바탕으로 진행되는 일에 대해서는 실마리가 없다면 절대로 알 수 없다. 이를테면 지리적·인구통계학적 프로파일링에 의한 사회적인 분류나 차별을 들 수 있다(Lyon, 2003).

인종차별의 경우 표적이 된 사람은 일상적인 경험을 통해 자신이 차별을 받는다는 의식을 할 수 있다. 그러나 가령 거주 지역별로 할당된 우편번호 따위에 근거해 시민이나 소비자로서의 등급을 부여받고 여러모로 차별적인 대우를 받고 있을 경우 일반적으로 당사자는 그러한 사실을 깨닫지 못한다. 다양한 데이터 마이닝의 결과로 자신이 어떤 집단 또는 범주로 구분되고 분류되는지를 기업이 알려주지 않기 때문이다.

마찬가지로 치안 당국이 어떤 사람을 특정한 범주에 속하는 의혹 대상으로 분류한 사실이 공개되지도 않는다.[7] 게다가 개인정보를 보호하기 위한 법규나 조례도 많은 예외 조항을 규정해 개인보다는 국가를 보호하고 있다(Feather, 2004).

이러한 배경 때문에 개인정보에 오류가 발견되더라도 그것을 수정하는 데는 어려움이 따른다. "국가안전보장 관계자가 의심나는 것은 무조건 국가의 이익이 되도록 해결해야 한다고 한결같이 주장하는 것과 마찬가지로 기업이 리스크 회피를 강력하게 이해한다는 것은 곧 의심나는 것은 기업의 이익이 되도록 해결해야 한다는 것을 의미하기" 때문이다(Whitaker, 1999). 개인정보에 오류가 발견되거나 어떤 사람의 아이덴티티가 도난당하더라도

---

7 9·11 테러 이후 얼마 지나지 않아 스위스 경찰이 프랑스의 유명한 작곡가이자 지휘자인 피에르 불레즈(Pierre Boulez)를 테러 용의자로 체포했다. 1968년 파리 5월 혁명의 격동기, 활동가 사이에서 건물 방화가 유행이던 때 젊은 예술가 피에르 불레즈는 동료에게 "오페라좌를 태워 버리자"라고 선동한 적이 있었다. 이후 9·11 테러로 인해 경비 체제가 강화된 상황에서 그는 국경 근처의 검문소에서 검문을 받게 되었는데, 경찰이 신원을 조회하자 옛날의 활동 이력이 컴퓨터상에 떠올랐다(Brodeur and Leman-Langlois, 2006).

기업은 자신에게 이익이 되지 않으면 자진해 문제를 해결하려고 하지 않는다. 그 모든 리스크는 개인의 책임으로 돌려진다.

지금까지 우리는 페리 6의 지적을 실마리로 삼아 프라이버시 리스크를 살펴보았다. 마지막으로 그는 언급하지 않았지만 중요하다고 생각되는 또 하나의 리스크를 거론하고 싶다. 바로 '공사公私 구별의 소실'이다.

(5) 공사 구별의 소실

네트워크 사회의 중요한 특징은 사회생활에서 거시적·중간적·미시적 수준 사이의 경계선, 공적 영역과 사적 영역의 경계선, 더 나아가 생활·노동·학습· 여가·여행 같은 것들 사이의 경계선이 사라진다는 점이다(Dijk, 2006).

우리가 물건을 구매하는 행위는 순수하게 사적인 행위다. 하지만 물건 값을 지불하는 데 신용카드를 사용하면 사적 행위가 공적인 기록의 일부가 되어 타인이 그것을 추적하는 일이 가능하게 된다. 오늘날의 사회는 정보 사회의 도래와 함께 쏟아지고 있는 정보 폭탄에 노출된 상태다. 이제 우리 에게는 집안도 더 이상 안전한 피난처가 되지 못한다. 얀 반 디크Jan Van Dijk 가 말한 "사적 공간의 사회화"는 이미 멈출 수 없는 추세다.

이처럼 '혼자 가만히 남겨질' 권리가 위협받는 상황에서는 어떤 문제가 생길까? 심슨 가핀켈Simson Garfinkel은 이렇게 말했다.

제3자의 침입을 저지하거나 규제할 수 없다면 목숨 자체를 지킬 수 없다. 단 세포 생물은 세포벽을 이용해 외부의 침입을 막아 세포의 정상적인 상태를 유 지한다. 마찬가지로 우리 인간도 피부, 가옥, 담, 무기 등을 이용해 자신의 신체 나 정신을 정상적인 상태로 유지하고 프라이버시를 지킨다(Garfinkel, 2000).

비단 단세포에 국한하지 않아도 생물체의 죽음은 그것을 둘러싼 환경과의 사이에 경계가 사라질 때 도래한다. 즉, 죽음은 시스템 속에 환경이 침입한 결과로 나타난다. 프라이버시의 상실은 개인과 외부(환경)를 분리하는 벽이 제거되어 개인이 외부 자극의 홍수에 무방비 상태로 노출되는 것을 의미한다. 벽이 있기 때문에 사람은 삶을 유지할 수 있다. 벽을 통해 자신의 개성이나 아이덴티티를 형성하는 데 필요한 정보와 그렇지 않은 '불필요한 신호'를 선별할 수 있으며 외부와의 과잉 접촉을 제한할 수 있다. 만약 여과 장치를 상실할 경우 자기 의견을 자유롭게 정리하거나 또는 그것을 공표하기로 결단하기까지 비밀에 부쳐둘 권리라고 하는 '사상의 프라이버시'도 상실하게 된다(Garfinkel, 2000).

정보와 커뮤니케이션의 과잉 속에서 우리는 "커뮤니케이션을 멀리하는 것 그리고 침묵과 고독의 가치, 즉 세상의 소란스러움을 떠나 조용히 사물을 생각하는 행위의 가치를 믿을 수 없게"될지도 모른다(Fischer, 2006).[8]

'공사 구별의 소실'과 관련해 마지막으로 한 가지 더 지적하고 싶은 리스크가 있다. 그것은 얀 반 디크가 지적한 바 있는, 공간과 시간이 다기능적으로 사용된다는 점이다. 현재와 같은 커뮤니케이션(정보) 기술이 등장하기 전에는 어떤 공간 또는 시간은 특정(한 가지) 활동이나 행위를 위해 사용

---

8 인터넷에 불필요한 정보가 넘치는 오늘날 "보고받지 않을 권리(the right not to be informed)"의 중요성을 지적하는 다음과 같은 발언도 주목할 가치가 있다. "당신은 이런저런 서비스 또는 의견의 표적 대상(audience)으로 선정되었다. 전자적인 호의가 높아지는 기운에 저항할 수 있는 일은 거의 없다. 보고받지 않을 권리는 아직 알려지지 않은 현상이다. 그러나 이것은 앞으로 크게 성장할 가능성이 있는 현상이다"(Lovink, 2002). 한편으로 자기가 알고 싶은 것만을 아는 것의 위험성을 지적하는 목소리도 있다(Sunstein, 2001). 사람들은 웹사이트가 열람자가 원하는 정보를 제공하는 데는 적합하지만 열람자가 원하지 않는 정보를 제공하는 데는 적합하지 않은 홍보매체라고 말한다. "보고받지 않을 권리"와 "뜻밖의 정보에 무심코 노출되어 시야를 넓히는 것"의 중요성을 어떻게 양립해갈지는 향후 흥미로운 과제가 될 것이다.

되는 것이 보통이었다. 회사는 일하는 장소이고 가정은 휴식과 에너지 보충의 장이며 차는 이동이나 여행을 위한 장이었다. 근무시간과 근무 외 시간은 명확하게 구분되었고 근무 외 시간의 노동에 대해서는 엄격한 법적 제약이 가해졌다.

오늘날에는 정보통신기술의 발달에 따라 인간의 활동을 제약하는 데 지리적·물리적인 거리나 시간상의 단절이 미치는 영향력이 약화되었다. 그 결과 이제는 한 장소에서 동시에 다양한 행위를 할 수 있게 되었다. 집안은 휴식 장소임과 동시에 학습이나 재택근무를 위한 장소가 되었고, 휴가 차 여행하는 시간 역시 여가 활동 시간인 동시에 개인 컴퓨터로 회사와 업무를 협의하고 휴대폰으로 친구와 잡담을 나누는 시간이 되었다. 즉, 시간과 공간에 상관없이 공사 영역을 구분하는 경계선이 애매해졌다. 이 같은 상황에서 발생해 지금 그 심각성을 더해가는 것이 바로 지나치게 일하는 문제다. 하지만 "테크노크라시technocracy가 일의 홍수를 초래하고 직장이 가정에까지 침입해 들어가는" 정보 자본주의사회에서 발생하는 직장인의 비명에 대해서는 여기에서 자세히 설명할 여유가 없다. 이 문제는 질 프레이저와 모리오카 고지의 연구를 참고하기 바란다(Fraser, 2001; 森岡孝二, 2005).

4. 맺음말을 대신해

지금까지 '정보화와 리스크'라는 주제에 따라 조금 거칠지만 나름의 방식으로 논점을 정리했다. 마지막으로 여기에서는 위에서 논하지 못한 몇 가지 문제에 대해 변호 비슷한 보충 설명을 덧붙여 맺음말을 대신한다.

우선 첫째, '리스크'라는 용어에 관한 문제다. 이 장에서는 해당 용어를 '위험'이라는 단어와 엄밀하게 구분해 쓰지 않았다. 사회학에서는 보통 '리스크'와 '위험'을 손해나 피해의 원인에 따라 구별한다. '리스크'란 자신의 의사 결정이나 행위에 책임을 돌려야 할 손해를 말한다. '위험'이란 타인 또는 외부(환경)에 책임을 돌려야 할 손해를 말한다(Luhmann, 1991). 그렇다면 이 장에서 다룬 권력이나 프라이버시와 관련된 문제는 '리스크'에 속할까 아니면 '위험'에 속할까?

상세히 검토할 수는 없으나 필자 생각으로는, 정보통신기술이 사회에 침투해 있는 오늘날에는 '위험'이 차지하는 영역이 점점 더 작아지고 반면 '리스크'가 차지하는 영역은 점점 더 커지고 있다. 오해를 무릅쓰고 말하면 이 장에서 다룬 문제의 대부분은 컴퓨터를 사용하지 않았더라면 생기지 않았을 것들이다. 하지만 반대로 이 시대에는 컴퓨터를 사용하지 않는 것 자체가 '리스크'에 해당된다고 말할 수도 있다. 컴퓨터를 통해 사람들 대부분이 편리를 누리고 시간과 관계없이 자유롭게 소통하며 정보 교환, 쇼핑, 거래를 하는 상황에서 여기에 참가하지 않는 것은 곧 사회관계 단절과 같다. 이는 헤아릴 수 없는 손해를 입는 일과 같다. 신체나 건강상태에 관한 개인 정보와 데이터베이스화는 사용 방법에 따라 프라이버시 리스크를 가져올 수 있는 한편 우리가 병이나 괴질에 걸렸을 때 즉석에서 적절한 의료 처치를 받을 수 있도록 해준다.

이 장에서는 주제와 관련해서 정보화가 가져오는 부정적인 측면만 강조하고 긍정적인 측면에 대해서는 언급하지 않았다. 이것을 필자가 후자를 무시한 까닭이라고 이해하지 말기 바란다.

둘째, 필자는 정보화가 가져오는 리스크를 상대로 사람들이 어떻게 애쓰고 있는지에 관해 언급하지 못했다. 이에 대해서는 법에 따른 개인정보 보호를 위한 '공개 키 암호public key cryptosystem', 가짜 아이덴티티를 표시하기 위한 시스템 등 프라이버시를 강화하기 위한 다양한 기술 개발이 이루어지고 있다. 또 사회적인 저항으로서 '시놉티콘synopticon'9을 통한 대항적인 감시와 같은 다양한 제안과 시도가 이루어지고 있다. 여기에는 기술적·전문적 지식이 얽혀 있는 관계로 문외한인 필자는 언급을 삼갈 수밖에 없었다.

게다가 기술적인 문제를 떠나 시민사회론의 입장에서 가능한 일에 대해서도 언급해야 했으나 시민사회가 내세우는 주장을 극히 간단하게 소개하면서 끝을 냈다. 시민사회론은 감시사회론과 함께 현대사회론을 대표하는 양극兩極의 관점이라고 할 수 있다. 양자를 비교·검토해 보는 일은 각 이론의 한계와 가능성을 명확히 하는 것이다. 이는 정보사회가 앞으로 나아가야 할 방향을 모색하는 데 중요한 실마리를 가져다줄 수 있다.

마지막으로 언급하고 싶은 문제는, 앞에서 '참가형 파놉티콘' 사회에는 프라이버시를 넘겨주는 경향이 있다고 언급했는데 이것과는 별도로 의도적인 프라이버시 노출이 하나의 유행이 되고 있는 현상이다. 일명 '셀레브리티celebrity 문화'가 확산되고 있다. "유명하다는 것 또는 악명惡名 조차도 그 자체가 가치를 가지는" 상황이 전개되고 있다(Haggerty and Ericson, 2006). 자신의 블로그blog에 사적인 일기를 공개하고 웹 카메라로 사적인 공간을 보여주며 TV 프로그램 〈로프트 스토리(Loft Story)〉처럼 사생활을 공개하는 등 이제 프라이버시는 보호 대상이기는커녕 노출 대상이 되어버렸다. 이것은 전통적인 프라이버시 개념에 대한 재고를 요구한다. 이것이 '프라이버시 리스크'와는 어떠한 관련이 있을까? 이 문제 역시 리스크임에 틀림없다고 생각되지만 이 장에서는 다루지 못했다.

이 밖에도 다뤄야 할 문제는 여전히 많지만 우선 시급한 문제를 밝히고 규명하는 데 이 장의 의의를 두고자 한다.

---

9 Mathiesen(1997) 참조. 파놉티콘의 반대말. 소수자가 다수자를 위에서(top-down) 감시하는 양식을 가리키는 파놉티콘과 달리 시놉티콘은 다수자(대중)가 소수의 권력자나 엘리트를 아래에서(bottom-up) 감시하는 양식을 가리킨다. 다만 토마스 마티센(Thomas Mathiesen)은 권력에 대한 대항 감시라는 관점이 약하다.

참고문헌

東浩紀. 2002~2003. 「情報自由論: データの權力, 暗號の倫理(全14回)」. ≪中央公論≫.

東浩紀·大澤眞幸. 2003. 『自由を考える: 9·11 以降の現代思想』. 日本放送出版協會.

江下雅之. 2004. 『監視カメラ社會: もうプライバシーは存在しない』. 講談社.

齋藤貴男. 2004. 『安心のファシズム: 支配されたがる人々』. 岩波新書.

古川利明. 2004. 『ディジタル·ヘル: サイバー化 '監視社會'の闇』. 第三書館.

森岡孝二. 2005. 『働きすぎの時代』. 岩波新書.

山口定. 2004. 『市民社會論: 歷史的遺産と新展開』. 有斐閣.

Berney, Darin. 2004. *The Network Society*. Polity Press.

Bogard, William. 2006. "Welcome to the Society of Control: The Simulation of Surveillance Revisited." in Kevin Haggerty and Richard Ericson(eds.). *The New Politics of Surveillance and Visibility*. University of Toronto Press.

Boyne, Roy. 2000. "Post-Panopticism." *Economy and Society*, Vol.29, No.2, pp. 285~307.

Brodeur, Jean-Paul and Stephane Leman-Langlois. 2006. "Surveillance Fiction or Higher Policing." in Kevin Haggerty and Richard Ericson(eds.). *The New Politics of Surveillance and Visibility*. University of Toronto Press.

Castells, Manuel. 2001. *The Internet Galaxy*. Oxford University Press.

Deleuze, Gilles. 1990. *Pourparlers*. Les Edition de Minuit.

Denny, David. 2005. *Risk and Society*. Sage.

Dijk, Jan Van. 2006. *The Network Society*. Sage.

Doyle, Aaron. 2006. "An Alternative Current in Surveillance and Control." in Kevin Haggerty and Richard Ericson(eds.). *The New Politics of Surveillance and Visibility*. University of Toronto Press.

Evans, Martin. 2005. "The data-informed marketing model and its social responsibility." in Susanne Lace(ed.). *The glass consumer*. Policy Press, pp. 199~224.

Feather, John. 2004. *The Information Society*. Facet Publishing.

Fischer, Hervé. 2006. *Digital Shock*. McGill-Queen's University Press.

Foucault, Michel. 1975. *Surveiller et Punir*. Gallimard.

Fraser, Jill. 2001. *White-Collar Sweatshop*. W. W. Norton.

Gandy Jr., Oscar. 1993. *The Panoptic Sort*. Westview Press.

_____. 2006. "Data Mining, Surveillance, and Discrimination in the Post-9/11 Environment." in Kevin Haggerty and Richard Ericson(eds.). *The New Politics of Surveillance and Visibility*. University of Toronto Press.

Garfinkel, Simson. 2000. *Database Nation.* O'Reilly&Associations.

Gellner, Ernest. 1994. *Conditions of Liberty.* Hamish Hamilton.

Haggerty, Kevin and Richard Ericson. 2000. "The Surveillant Assemblage." *British Journal of Sociology,* Vol.51, No.4, pp. 605~622.

Haggerty, Kevin and Richard Ericson(eds.). 2006. *Surveillance and Visibility.* University of Toronto Press.

Hanseth, Ole and Claudio Ciborra(eds.). 2007. *Risk, Complexity and ITC.* Edward Elgar.

Kaldor, mary. 2003. *Global Civil Society.* The Polity Press.

Keefe, Patrick. 2005. *Chatter: Dispatches from the Secret World of Global Eavesdropping.* Random House.

Lace, Susanne(ed.). 2005. *The Glass Consumer.* The Polity Press.

Lessig, Lawrence. 1999. *Code and Other Laws of Cyberspace.* Basic Books.

Lovink, Geert. 2002. *Dark Fiber.* MIT Press.

Luhmann, Niklas. 1991. *Soziologie des Risikos.* Walter de Gruyter.

Lupton, Deborah. 1999. *Risk.* Routledge.

Lyon, David. 1998. *The Information Society.* Basil Blackwell.

_____. 2001. *Surveillance Society.* Open University Press.

_____. 2003. *Surveillance after September 11.* Blackwell.

_____(ed.). 2003. *Surveillance as Social Sorting.* Routledge.

Margulis, Stephen. 2003. "Privacy as a Social Issue and Behavioral Concept." *Journal of Social Issues,* Vol.59, No.2, pp. 243~261.

Mathiesen, Thomas. 1997. "The Viewer Society." *Theoretical Criminology,* Vol.1, No.2, pp. 215~234.

O'Harrow Jr., Robert. 2005. *No Place to Hide.* Free Press.

Perri 6. 2005. "The personal information economy: trends and prospects for consumers." in Susanne Lace(ed.). *The glass consumer.* Policy Press.

Poster, Mark. 1995. *The Second Media Age.* The Polity Press.

Sunstein, Cass. 2001. *Republic. Com.* Princeton University Press.

Tinic, Serra. 2006. "(En)Visioning the Television Audience." in Kevin Haggerty and Richard Ericson(eds.). *The New Politics of Surveillance and Visibility.* University of Toronto Press.

Virilio, Paul. 1996. *Cybermonde, la politique du pire entretiens avec Philippe PETIT.* Editions TEXTUEL.

_____. 2005. *L'accident Originel.* Galelée.

Wall, David. 2006. "Surveillant Internet Technologies and the Growth in Information Capitalism." in Kevin Haggerty and Richard Ericson(eds.). *The New Politics of Surveillance and Visibility*. University of Toronto Press.

Whitaker, Reg. 1999. *The End of Privacy*. The New Press.

Wildavsky, Aaron. 1979. "No Risk is the Highest Risk of All." *American Scientist*, Vol.67, No.1, pp. 32~37.

_____. 1988. *Searching for Safety*. Transaction Publishers.

제 5 장

리스크 사회와 신뢰

고마츠 다케아키 小松丈晃

리스크 사회란 증대하는 리스크로 인한 위협을 맞닥뜨리는 사회가 아니라 사람들이 일상생활 가운데 발생한 갖가지 리스크를 피하기 위해 애쓰도록 내몰리는 사회를 가리킨다. 이 같은 상황 속에서 사람들의 불안감은 높아지고 리스크 연설은 날카로워진다. 사람들은 이제 상호 불신이 지배하는 사회에 살게 되었다고 위기의식을 토로한다. 이러한 사회에서 우리는 '신뢰'를 어떻게 파악해야 할까? 또한 리스크와 더불어 어떻게 살아가는 것이 바람직할까? 제5장에서는 '리스크'와 '신뢰'라는 주제를 매개로 리스크와 더불어 살아가는 방법에 대해 고찰해본다.

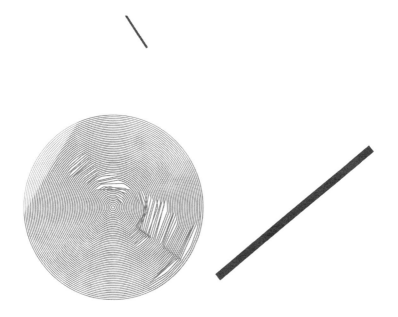

1. 리스크 사회라는 견해

현대사회를 '리스크 사회'라고 부르는 것이 오늘날의 사회가 옛날보다 물리적으로 더욱 안전하지 못하기 때문은 아니다. 재해, 화학물질, 범죄 같은 위험요인이 크게 늘어나 안심하고 살 수 없기 때문도 아니다. 비교하자면 오늘날보다 이전의 사회에서 재해에 의한 피해 빈도가 압도적으로 높았으며 범죄 역시 마찬가지다.

'리스크학'을 대할 때 우리가 가장 먼저 주목해야 할 점은 사람들이 리스크 또는 리스크 평가라는 관점에서 일상의 사소한 사건이나 사태를 바라보는 경향이 강해졌다는 사실이다. 즉, 오늘날 우리는 날마다 접하는 사건에 대해 민감하게 반응해 리스크를 끊임없이 찾아내고 제거하기 위해 애쓰도록 내몰리고 있다(이것은 심리적인 불안감을 증폭하는 요인이 되면서 동시에 위기를 상대로 적절한 대응을 준비하는 계기가 되기도 한다). 그런 까닭에 리스크 사회에서는 전문가가 아니라 일반 시민 역시 일상생활 속에서 리스크를 발견하기 위한 도구를 많이 갖고 있다.

울리히 벡은 그를 세계적으로 유명하게 만든 저서인 『위험사회』에서 새로운 유형의 리스크 중 많은 경우가 인간의 지각 능력을 초월하기 때문에 "위해危害를 실제 위험으로 가시화하고 인식하기 위해서는 이론, 실험, 측정 기구 같은 과학이 만들어내는 지각 기관이 필요하다"라고 말했다(Beck, 1986). 리스크에 대한 인식은 고도의 과학적인 지식에 의존할 수밖에 없다. 따라서 기술 전문가인 테크노크라트technocrat의 의사 결정이나 정치적인 판단이 힘을 갖게 된다. 그는 이 같은 상황을 비판하면서 '과학적 합리성'을 '사회적 합리성'으로 대치對置하자고 주장한다.

리스크에 대한 인식이 과학에 의존한다는 그의 견해는 부분적으로 옳다. 이를테면 방사선이나 화학물질에 의한 오염 등에 적용해볼 때 타당한 이야기다. 하지만 오늘날 리스크 현상을 생각해보면 과학자가 아니라 일반 시민이 이용할 수 있는 인식 도구가 개발되고 있다는 사실을 발견할 수 있다. 후쿠시마 마사토福島眞人가 의료 분야의 임상진료지침을 인용하면서 이야기했듯이, 과학자들이 리스크 인식과 분석을 위한 도구를 독점하고 있는 것은 아니다(福島眞人, 2006). 이 도구는 이미 일반인에게 유통되어 사용되고 있다. 눈으로 보기 어려운 리스크를 가시화하는 데 사용하는 '리스크 인식 도구'라고 불리는 것, 이를테면 방재 분야에서 참가자가 지도를 사용해 방재 대책을 검토·훈련하는 'DIG Disaster·Imagination·Game', 직접 관계자에게서 이야기를 청취해 정리하는 '재해 구술 역사' 기법, 방재 지도 작성 등은 방재 전문가보다 오히려 지역 주민이 구사하고 있다.

이 같은 다양한 리스크 인식 도구를 활용해 리스크를 끊임없이 재귀적으로 관찰하고 관리해나가는 감성이 우리 내부에 양성되고 있다. 규범적으로는 이러한 감성을 갖는 일이 권장된다. 하지만 이 같은 도구와 감성이 현대사회가 이전의 사회보다 더 위험하다거나 안전이 더 위협받고 있다는 것을 나타내지는 않는다.

예를 들면 오늘날 '아이들의 안전'에 대한 관심이 높아졌는데 이는 누차 지적되고 있듯이, 실제로 '아이들의 안전'이 옛날보다 더 위협받고 있기 때문은 아니다(Jackson and Scott, 1999; 石戸教嗣, 2007). '개인화'가 진전된 오늘날에는 리스크도 개인적으로 평가하고 관리하도록 요구받는다. 그리하여 더 이상 이전의 방식이 타당할 수 없게 된, 탈전통화·근대화의 현대사회에서는 매 순간의 행위와 결정으로 발생하는 결과에 대한 책임이 옛날보다 훨씬 더 무겁게 개인에게 부과된다(결정이 개인에게 귀속된다).

오늘날에는 아이가 건강하게 성장해 인생의 성공을 거두는 일이 사회 전체가 합심해 달성하는 과제가 아니라 부모 개인의 현재의 선택(행위)에 달린 것으로 간주된다. 또 아이의 성장이나 성공을 부모 자신의 성공으로 보는 경향도 강화했다. 이러한 이유로 부모는 지금 당장에 직면하는 직접적인 위협뿐만 아니라 장래에 발생할 모든 리스크에게서 자식을 떼어놓는데, 이를 위해 많은 시간적·금전적 투자를 하도록 강요받는다. 많은 부모가 '내 자녀는 나보다 나은 인생을 살기 바란다'고 말한다. 하지만 이들 대부분은 자식을 위한 마음이 아니라 자신을 위해서 그렇게 말한다(Beck and Beck-Gernsheim, 1990).

자식을 모든 리스크에서 멀리 떨어지게 하고 스스로 위험한 행동을 하지 않도록, 위험한 사건의 희생자가 되지 않도록 보호하는 일이 부모가 자신의 책무를 다해 아이를 아이다운 상태로 보호하고 있다는 사실을 사회적으로 증명하는 수단이 되기도 한다. 이제 아이다운 상태라는 개념은 사회적으로 구축되어 이 사회에서 위험한 행동을 하는 아이는 괴물 같은, 이상한, 아이답지 못한 존재가 된다. 다시 말해 아이/비非아이라는 대립관계에서 후자 쪽으로 분류된다.

다종다양한 리스크를 둘러싸고 되풀이되는 이러한 움직임을 좋은 것 또는 나쁜 것이라는 일괄적인 관점으로 재단해서는 안 된다. 우리는 먼저 리스크라는 단어를 이용해 사회나 장래에 대해 이야기하며 의미를 부여하는 태도가 확산된 현상을 분석할 필요가 있다. 따라서 이 장에서는 리스크와 신뢰를 실마리로 삼아 오늘날 존재하는 리스크의 양상에 대해 분석해본다.

2. 현대형 리스크가 초래하는 질문

사회적인 기술記述로서 '리스크 사회'가 유통되고 있는 현대사회에서 '신뢰'는 커다란 의미를 갖는다(Giddens, 1990).

예를 들어 2004년 4월 공표된 문부과학성의 「안전·안심 사회의 구축에

도움을 주기 위한 과학기술정책 간담회」 보고서는 다음과 같이 지적한다. "국민의 안심을 얻기 위해서 그 전제로 안전 확보를 담당하는 조직과 국민 사이에 신뢰를 양성하는 일이 필요하다." 다만 이 보고서에서 언급되는 '안전', 즉 '사람과 공동체에 대한 손상 또는 사람, 조직, 공공 소유물에 피해가 없다고 객관적으로 판단할 수 있는 상태'와 개인의 주관적인 판단에 크게 의존하는 '안심'의 관계, 그리고 '신뢰의 양성'이 뜻하는 바를 이해하기 위해서는 신중한 고찰이 필요하다. 이에 앞서 확인할 점은 '안전'이나 '안심'의 반의어인 '리스크'가 '신뢰'와 함께 언급될 때 가지는 특정한 함의에 관한 것이다.

물론 리스크라는 단어 하나가 내포하고 있는 양상은 대단히 다양하다. 여기서는 그것을 ① 시간적 차원과 ② 사회적 차원이라고 하는 두 차원으로 정리해본다.

먼저 시간적 차원과 관련해서는 '리스크의 시간'과 '일상의 시간'의 구분을 생각할 수 있다. 예컨대 '전통적 리스크'는 '리스크의 시간'과 '일상의 시간'이 명확하게 분리되어 있는 리스크 전형에 해당한다(Lau, 1989). 이를테면 병, 악마, 범죄, 재액災厄 따위에 노출되는 '리스크의 시간'의 성격은 여러 의식을 바탕으로 '비일상적인 시간상의 사건'으로 규정된다. 이를 통해 일상日常은 불안으로부터 보호된다. 가령 악마 퇴치 의식 같은 상징적인 행위를 통해 리스크에 노출되는 시간에 제한을 가하는 방식으로 불안에 빠지는 시간과 평온한 일상의 시간 사이를 명확하게 구분했다.

비종교적인 편력직인遍歷職人처럼 각지를 돌아다니며 수행을 쌓는 일, 자동차를 난폭하게 운전하는 것, 원격지에 부임해 무역에 종사하는 일과 관련한 리스크의 시간도 일반적으로 언제 시작되고 끝나는지 알 수 있었다. 또한 어디서부터 어디까지가 안전하고 평온한 일상의 시간인지 가시화할 수 있었다.

그러나 '리스크의 시간'과 '일상의 시간'이 명확하게 구분되지 않는 리스크가 존재한다. 오늘날 빈번히 이야기하는 유전자공학에 따른 리스크나 원자력 관련 시설의 리스크 또는 광우병이나 화학물질에 의한 건강 리스크 같은 새로운 리스크가 특히 그렇다.

이러한 리스크에서는 리스크의 시간과 안전한 일상의 시간을 구분하는 일이 쉽지 않다. 오히려 일상 그 자체가 리스크로 가득하다. 이 때문에 일상생활에서 사람들은 리스크 인식 도구를 이용해 모종의 리스크를 끊임없이 발견하고 관찰한다. 그리고 이들 리스크를 피하기 위해 애쓰도록 내몰린다. 그 결과 일상을 보는 시선과 비일상을 보는 시선이 서로 교착되는데, 리스크의 시간이 일상의 시간을 파고들면서 양자 간의 경계선이 흐릿해진다. 더 나아가 향후 일상에서 발생할 불안을 완화하기 위해 리스크를 제어하고 회피하도록 정치권에 관련 문제 해결을 강력히 요구하게 된다. 앞에서 이야기한 리스크에 관해 재귀적으로 관찰하고 관리하는 감성은 이러한 리스크 특징을 그 배경으로 삼고 있다.

역설적이게도 '리스크의 시간'과 '일상의 시간'이 교착하기 때문에 이 양자를 특정한 방법으로 — 이를테면 리스크를 초래한 '희생양'의 설정을 통해 — 구분하며 한쪽을 격리하고 봉쇄해 안심安心을 확보하려고 한다.

리스크 사회는 "희생양을 만드는 사회로 가는 경향을 내재적으로 안고 있다"(Beck, 1986). 다시 말해 누군가 또는 어떤 집단이나 제도가 책임 있는 존재로 지목되어야 한다(Douglas, 1992). 사람들은 희생양(이는 외국인일 수도 있고 소수자일 수도 있다)을 위험한 집단으로 규정하고 '일상의 시간' 밖으로 몰아내 '리스크의 시간'과 '일상의 시간'을 구분하려고 한다.

사회적 차원과 관련해서는 리스크가 사회나 집단의 연대와 통합에 기여하는지 또는 잠재적 균열을 가져오는지에 관련된 문제가 있다.

예를 들어 크리스토프 러우Christoph Lau가 이야기하는 '전통적인 리스크'

에서는 하위문화 집단의 경우 특정 리스크를 무릅쓰는 행위가 집단의 특유한 행동 규칙으로 규범화한다. 다시 말해 하위문화 집단에서는 특정한 리스크를 자진해 감수하는 일이 개인이 그 집단에 속하는 증표로 의식된다. 따라서 그것을 무릅쓰기를 회피하는 자는 집단에서 배제된다. 즉, 리스크를 감내하는 행동을 매개로 집단의 동료의식이 양성된다.

이와 같은 리스크는 셀 수 없이 많다. 예컨대 (독일에서) 학생 사이의 결투나 앞에서 언급한 편력직인이 여기에 해당한다. 게다가 집단의 구성원 자격을 획득하는 데 '남자다운' 상표의 담배를 피우거나, 말술을 마시거나, 위험한 방식으로 자동차 운전을 하는 것 따위가 시금석과 증표로 작용하는 하위문화 집단이 있다.

이러한 리스크의 경우 사람들은 원칙적으로 자유의사에 따라 리스크에 도전한다. 따라서 손해를 입을 가능성은 개인에게 속한다. 즉, 리스크를 무릅쓰기로 결정한 자와 그로 인해 영향(손해 또는 이익)을 받는 자가 동인한 사람이 된다.

크리스토프 러우가 언급한 '산업적·복지국가적 리스크'도 어떤 의미에서는 연대에 도움이 되는 리스크로 볼 수 있다. 이것의 특징은 개인적인 리스크(각종 보험의 대상이 되는 리스크)를 보험을 통해 사회화한다는 점이다.

보험은 '어떤 집단이나 공동체에 속하면 여러 재액을 일정한 확률로 당할 수 있다'는 가정하에 개인에게 떨어질 수 있는 피해를 사회 전체가 부담하는 제도다. 보험은 원래 손해 그 자체를 회복하는 것이 아니라 화폐에 의한 대체적인 보상을 행하는 것이다. 이 경우에 리스크 비용은 보험에 관여한 공동체 전체에게 분배되고(말하자면 사회화한다), 개인은 평균적인 사회학적 개인으로 평준화된다(Ewald, 1991: 203). 이와 동시에 어떤 리스크가 일정한 계층이나 계급에 집중되는 일을 상당 정도 회피할 수 있다. 이것은 빈곤 또는 빈부 격차 극복을 과제로 삼는 복지국가의 전형적인 리스크 처리 방법으로 확률 계산을 통해 리스크를 예측하고 제어한다. 지금 이야기하는 리스크는 통계학적인 정의에 의한 리스크이며 여기에는 앞에서 언급한 '전통적인 리스크'에서 볼 수 있는 것과 같은 문화적·규범적인 의미가 끼어들 여지는 없다.

한편으로 사회나 집단의 연대 또는 통합에 기여하는 것이 아니라 리스크를 무릅쓰기로 결정한 자와 이로 인해 영향을 받는 자 사이에 깊은 골을 형성하는, 즉 사회에 균열을 가져오는 리스크도 있다. 이는 특히 '새로운 리스크'에서 많이 발견할 수 있다. 예컨대 원자력 관련 시설의 건설과 관련해 결정자 측(사업자, 전력회사 등)은 이익을 얻을 목적으로 리스크를 무릅쓴다. 그러나 이로 인해 피해자가 될 수 있다는 위기감을 가진 사람들은 해당 리스크에 관한 정의 그 자체를 두고 다투며 장래의 손해를 견적하는 문제에 관해서도 충돌한다.

일찍이 니클라스 루만은 리스크 개념을 스스로 내린 결정이나 선택에 따른 손해 가능성으로 보고 이를 외부 요인으로 인해 발생하는 손해 가능성을 말하는 '위험'과 구별했다[Luhmann, 1991; 小松, 2003. 리스크 개념에 대한 Beck, Giddens, Luhmann의 비교는 三上剛史(2003)를 참조]. 이러한 리스크 개념은 대단히 근대적이고 근대 개인주의의 특징과도 통한다. 즉, 어떤 종류의 리스크에도 굴하지 않고 어떤 불운도 감내하는 '영웅의 개인주의'를 대신해 경험을 통해 배우면서 각종 정보에 유의해 신중하게 리스크를 계산하는('리스크 개인주의'라고 할 수 있는) '상인商人의 개인주의'가 등장했다.

장차 입을 수 있는 손해는 자신의 결정에 따른다고 간주하는 사람(결정자)의 관점에 따르면 손해 가능성은 리스크와 위험 중에 '리스크'에 해당한다. 한편 손해가 자신이 아니라 다른 무언가의 탓이라고 간주하는 사람(피영향자, 니클라스 루만은 이를 "영향을 받는 자Betroffene"라고 불렀다)의 관점에 따르면 장래의 손해 가능성은 '위험'에 해당한다.

결정자와 피영향자의 입장은 고정된 것이 아니다. 양자의 경계선은 당시의 맥락에 따라 다양하게 다시 그어질 수 있다. 어떤 상황에서는 결정자 입장이라도 다른 상황에서는 피영향자 입장으로 쉽게 바뀔 수 있다. 또 어떤 상황에서는 관계가 없더라도 다른 상황이나 기회에서는 심각한 피영향자 입장에 놓일 수도 있다. 어쩌면 이는 '풍향에 따라' 달라지는 것인지도 모른다. 더 나아가 옆에서 볼 때 전혀 무관하다고 생각되는 사람이나 집단이 돌연 피영향자 입장에서 말을 할 수도 있다. 심지어 피영향자 입장에 있었던 사람이 '참여'라는 명분 때문에 결정자 입장에서 판단할 수밖에 없는 상황에 처할 수 있다. 즉, 장래의 손해 가능성에 관한 평가를 둘러싼 다툼에서 결정자와 피영향자 입장은 당시의 상황에 따라 결정된다.

3. 리스크와 신뢰

이처럼 '일상의 시간'과 '리스크의 시간'이 서로 교착되는(또는 판연히 구별되지 않는) 상황에서 사회에 잠재적인 균열을 초래하는 리스크를 '현대형 리스크'라고 한다.

현대형 리스크는 보험 기술의 전제가 되는 '대수의 법칙(예를 들어 동전 던지기의 시행 횟수를 늘리면 겉이나 안이 나올 확률이 이론적인 수치인 0.5에 근접한다)'이 성립하기 어렵다. 따라서 발생 확률을 계산하기가 곤란하다. 더욱이 보험 자유화의 흐름(일본에서는 1996년 일·미 보험 협의 이후)에 따라 리스크를 감당하는 보험 그 자체가 위험해지고 있다.

신뢰에 대해 고찰하는 이 절에서는 현대형 리스크의 특징 가운데 사회적 차원과 관련해 사회에 잠재적인 균열을 초래할 리스크에 중점을 두고 의론을 진행한다.

앞서 말했듯이 현대형 리스크에서는 리스크를 감수하며 사업을 행하는 결정자와 이에 의해 손해를 보는 피영향자의 관점이 크게 다르다. 양자의 괴리는 종종 전문가 시스템에 대한 '불신'이라는 형태로 나타난다(Giddens, 1990). 의료 기관, 사회사업 전문 기관, 제조업자, 판매업자, 원자력 관련 시설의 설치를 원하는 전력회사 같은 결정자 입장과 이들 집단이 내리는 결정에 따라 모종의 영향을 받는 사람의 입장은 크게 다르다.

피영향자는 일정한 기한 내에 시설의 설치가 확정되어야 한다는 압력을 받고 있지 않으며 그 결정이 초래하는 이익의 할당에 관여하지도 않는다. 따라서 이들은 장래의 손해 가능성과 관련해 결정자와는 대단히 다른 평가나 판단을 내리기 쉽다. 더욱이 사람들이 스티븐 와인버그 Steven Weinberg가 말한 '과학이 질문할 수는 있어도 대답할 수는 없는 문제'를 다루고 있는 오늘날에는 과연 어느 것이 올바른지를 결정하는 일은 대단히 어렵다.

원전 문제, 광우병 문제, 음식물 리스크에 관한 다툼, 유해물질 시설을 둘러싼 다툼 등 무엇이든 간에 이들 문제의 손해에 관한 이의신청은 예전 공해 분쟁에서 볼 수 있던 구체적으로 초래된 손해에 관한 이의신청과는 다르다. 오늘날 우리가 볼 수 있는 현상은 어떤 손해가 얼마의 확률로 일어나는지 또는 실제로 리스크가 발생할 것인지에 관한 불확실한 사태(의 평가)를 둘러싼 다툼이다. 이렇게 표현해도 좋다면 사람들은 '가상현실' 또는 '실제적인 가상'을 놓고 분쟁을 벌인다(Beck, 1986). 이런 상황에서 사람들은 올바르고 객관적인 데이터나 해답을 제시할 수 있다면 양자 간의 거리를 좁힐 수 있을 것이라는 희망적인 관측으로 일을 처리할 수밖에 없다.

'이것이다'라는 단일한 정답을 기대할 수 없기 때문에 희망을 단념해야 하는 상황에서 사람들은 당시 맥락에 따라 형성되는 사회적인 합의로 문제를 해결하는 기법인 리스크 커뮤니케이션에 주목하게 된다(吉川肇子, 1999 참조). 이때 행정부는 결정자와 피영향자 사이의 교섭을 이끌어가면서(물론 행정부가 결정자의 입장이 될 수도 있지만) 양자 간의 커뮤니케이션을 진전하고 상호 불신을 누그러뜨려 신뢰 형성을 도모한다.

'신뢰'는 대단히 불확실한 상황에서 발생하는 복잡성을 감소시킨다. 따라서 신뢰는 리스크로 가득한 상황과 더불어 살아가기 위해서 필수적인 중요한 방도다(Luhmann, 1973). 다시 말해 우리에게 신뢰가 필요한 것은 바로 상황이 불확실하기 때문이다.

'신뢰'는 장차 배반당할 가능성을 인지하면서도 상대방에게 스스로 공여하는 것이다. 이 같은 신뢰의 특성 때문에 상대방에게 신뢰를 가진 사람은 상처받을 수 있는 vulnerable 상황에 노출된다. 모턴 도이치 Morton Deutsch 에 따르면 신뢰는 자신이 통제할 수 없는 타자에게 공여하는 것으로서 자신의 취약성(상처받기 쉬움)을 강화하는 것이다(Deutsch, 1962). 따라서 신뢰가 필요한 일은 오직 후회할 가능성을 안고 있는 경우에 해당한다. 이를 다르게 말하면 신뢰는 우연성의 계기를 수반한다고 할 수 있다.

지금 눈앞에 있는 상대방이 일정한 입력에 의해 일정한 결과물을 규칙적으로 산출하는 존재(니클라스 루만은 이것을 "평범한 trivial 기계"라고 불렀다)라면 신뢰는 필요하지 않다. 반면 상대방이 '평범하지 않은 기계'인 경우, 즉 상대방 내부에서 벌어지고 있는 상황을 정확하게 파악할 수 없으며 외부에서 이를 통제할 수 없는 자율적인 존재인 경우에 신뢰가 필요하다. 결론적으로 말하면 상황이 불확실하기 때문에 필요한 것이 신뢰다.

신뢰는 "선불先拂로 리스크를 무릅쓰는 행위"다(Luhmann, 1973). 이것은 과거에서 입수할 수 있는 정보를 과잉 이용해 장래를 규정하는 것이며 리스크를 무릅쓰는 행위다. 신뢰한 결과로 이어지는 후회의 여부는 아무도 알 수 없다.

근대사회에서는 어떤 특정 인격에 대한 '인격적 신뢰'와 함께 '시스템에 대한 신뢰' 역시 큰 역할을 담당한다. '시스템에 대한 신뢰'란 과학이나 정치 또는 법 같은 각종 기능적인 시스템의 작동 그 자체에 대한 신뢰를 말한다. 어떤 화폐가 그에 걸맞은 가치를 지니며 유통된다는 것, 눈앞의 의사가 습득한 전문적인 지식은 의료 시스템에서 거듭해 타당성을 부여받았다는 것, 내가 운전하는 자동차의 안전기준이나 보안기준이 법적으로 타당하며 기업이 그런 기준을 준수했다는 것 등에 관한 믿음은 특정 인격에 대한 신뢰라기보다 시스템에 대한 신뢰라고 할 수 있다.

불확실한 상황에서는(또는 불확실한 상황이라기보다 불확실한 상황 속에 있기 때문에) 인격적 신뢰와 시스템에 대한 신뢰를 불문하고 신뢰를 구축해 비로소 사태를 진척할 수 있다. 리스크 회피를 시도하는 사람은 특정한 사람하고만 친밀한 관계를 맺기 쉬운데, 여기에는 사회관계를 다양하게 맺음으로써 획득할 수 있는 이익의 기회를 놓치는 것을 뜻하는 기회비용을 수반한다(山岸俊男, 1998).

기회비용이 큰 상황에서는 특정의 친밀한 관계에 국한하지 않고 다양한 사람들과 신뢰를 구축하는 일이 중요하다. 로버트 퍼트넘Robert Putnam 의 표현을 빌리면 '브리지bridge 형'의 사회관계 자본을 축적해야 한다. '약속형' 사회관계 자본을 지나치게 비대하게 만들어 마법의 지팡이가 아니라 알루미늄 지팡이를 휘두르는 결과가 되지 않도록 해야 한다(Putnam, 2000).

현대형 리스크에 직면해 사는 우리에게 신뢰는 리스크를 처리하기 위한 대단히 중요한 자원이다. 다만 결정자와 피영향자 사이의 불신을 완화하고 신뢰를 구축하려는 시도에는 '이미지 조작'을 통해 불신을 신뢰로 전환하는 '합의의 공학'이 뒤섞일 가능성이 있다는 점을 주의해야 한다.

신뢰성을 지각하는 데 영향을 주는 요인으로 ① 유능함, 즉 전문 지식을 가지고 있다는 감각, ② 객관성, 즉 주관적인 믿음만으로 이야기하지 않는다는 인상, ③ 공정성, 특히 모든 사람에게 주어지는 발언 기회 같은 결정에 이르기까지의 과정이나 절차의 공평함과 올바름, ④ 일관성, 즉 대화에 모순이 없고 요지가 한결같은 것, ⑤ 성실성, 즉 대화 상대방이 마음속에 있는 것을 거리낌 없이 이야기하고 있다는 인상 등을 지적하는 연구가 있다(Renn and Levine, 1991). 종종 사업자(결정자)는 신뢰 조달을 위해 이 같은 연구 성과를 이용한다. 예컨대 시판되고 있는 사업자 대상의 리스크 커뮤니케이션 안내서에는 '사업자에게 오히려 불리한 정보를 내보이는 행위'를 통해 객관적인 인상을 주려는 노력이 권장되고 있다.

질문에 답할 때는 최대한 간결하게 답해 유능한 이미지를 불러일으킬 필요가 있다는 설명도 나와 있다. 더 나아가 성실한 인상을 주기 위해서는 이를테면 실내보다 실외에서 대화할 것(열린 인상), 화자와 청취자 사이에 교탁 같은 장애물이 없도록 할 것, 소매를 걷어 올리거나 상의의 단추를 풀어 때때로 가슴에 손을 얹는 몸짓을 할 것, 눈빛 교환을 충분히 할 것, 의자에 앉아서는 몸을 뒤로 젖히지 말고 상체를 앞으로 기울여 말할 것 등이 권장 사항으로 나열되고 있다.

게다가 여성이 하는 프레젠테이션은 상대방에 대한 다방면적인 배려나 정직성 같은 인상을, 남성이 하는 프레젠테이션은 능력과 전문성 같은 인상을 주는 만큼 상황에 따라 적합하게 구사할 것을, 즉 다른 성별이 주는 이미지 조작까지 구사해 신뢰 조달에 애쓸 것을 권장하고 있다.

이상의 사태를 사소하게 취급해 일축하기 쉽다. 그러나 리스크 커뮤니케이션이 사업자나 정부가 결정자와 피영향자 사이의 간극을 임시방편으로 좁히는(더 정확하게 말하면 은폐하는) 수단으로 사용되어서는 안 된다(이는 본래의 사고방식을 왜곡하는 단순한 이미지 조작에 불과하다). 리스크 커뮤니케이션이 결정 과정의 비용을 삭감하는, 즉 결정의 효율성을 높이는 도구로 변질될 가능성을 배제할 수 없다면 리스크 사회의 '커뮤니케이션'과 '신뢰'에 대해서 더욱 신중한 고찰이 필요하다.

결정자와 피영향자 사이의 관점 불일치 문제는 단순한 기법으로 해결할 수 없다. 분쟁을 피하고 싶은 나머지 이미지 조작을 통해 리스크에 수반하는 문제를 교묘히 해치우려고 해서는 안 된다. '신뢰'를 구축하지 않고 단순히 '안심'으로 대체할 수 있는 방법을 찾아서는 안 된다. 또한 앞에서 언급한 '안전·안심 사회의 구축'을 둘러싼 일본에서의 의론이 우선 전문가가 안전한 시스템을 구축한 다음 일반 시민이 시스템에 대해 신뢰를 가질 수 있도록 하는 방향성을 취하고 있다면(石原孝二, 2004), 이것 역시 '현대형 리스크'와 더불어 살아가기 위한 바람직한 방법이라고 할 수 없다.

4. 리스크와 더불어 살아가는 방법

우리는 '현대형 리스크'에 대처하기 위한 방도로 어떤 것을 구상해야 할까? 마지막으로 현대형 리스크와 더불어 살아가는 방법으로 중요하다고 생각되는 관점 세 가지를 제시하면서 이 장을 마무리한다.

첫째, 리스크를 무릅쓰며 사업을 진행하려는 결정자와 그로 인해 손해를 입는 피영향자 사이에 발생하는 커뮤니케이션의 양상을 면밀히 검토해야 한다. 이 부분과 관련해서는 니클라스 루만이 실라 재서노프^{Sheila Jasanoff}가 말한 "완전하게 동화될 수 없는 대화"에서 착상을 얻어 제안한 '요해了解, Verständigung' 개념을 참고할 수 있다(Luhmann, 1991, 1992).

니클라스 루만에 의하면 요해(그는 "설득되지 못한 채 진척되는 요해"라고 표현하기도 했다)란 "상호 이해가 필요한 사람을 상대로 그 신념을 버리게 하거나 개심시키거나 또는 기타 어떤 형태로든 바꾸게 하려는 시도 같은 것을 하지 않는" 커뮤니케이션 양식을 말한다(Luhmann, 1992). 이는 다음과 같은 두 가지 특징을 갖는다.

(1) 위험한 사상事象에 대한 평가와 어떤 사건이나 상태를 기술할 때는

객관성을 가장해 '타인을 강제로 동의시킬 만큼 충분하고 유일하게 올바른 지식'을 구사한다는 태도를 취해서는 안 된다. 오늘날에는 누군가 또는 어떤 이해관계가 행하는 관찰이나 기술 자체가 제3자의 관찰에 노출되기 때문이다. 이 같은 태도를 상대주의라고 비판해서는 안 된다. 왜냐하면 상대주의가 아닌 다른 어떤 것을 바라는 일이 불가능하기 때문이다.

다시 말해 요해의 과정은 동조의 압력에서 해방되어야 한다. 결정자와 피영향자 사이에 이루어지는 커뮤니케이션은 속성상 흔들리고 불안정할 수밖에 없다. 어느 시점에 한 가지 해결책이 용납되어도 이것은 어디까지나 당시의 약속이자 잠정적인 것에 불과하다. 따라서 언제라도 커뮤니케이션을 재개할 수 있어야 한다.

(2) 요해의 과정에는 '도덕'이라는 개념을 가지고 들어가는 일을 삼가야 한다. 요해의 기본 원칙은 자신의 도덕과 합치하지 않는 자를 배제하는 것이 아니라 자신의 도덕을 주장하지 않고 포섭하는 것이다. 대회에 참여하는 자를 제한하는 움직임은 가능한 한 제지해야 한다. 더 나아가, 참여자가 반드시 현명한 시민일 필요도 없다. 참여는 강제되지 않고 대화를 할 수 있는 기회가 발생하면 관심 있는 사람은 참가할 수 있으며 언제나 자신이 참가할 수 있을 때 참가하면 된다. 반면 체제/반체제 같은 도식을 적용하거나 결정자(체제 측)에 대해 교조주의적으로 비난하는 일은 삼가야 한다.

현재 참여나 심의를 주축으로 한 민주주의 양식이 모색되고 있다. 구체적인 방식으로는 조사에 협력한 사람이 토론을 통해 문제점이나 논점을 파악한 다음 이를 토대로 설문에 답하는 '디리버티브 폴링derivative polling'과 덴마크와 일본에서 시행되고 있는 '컨센서스consensus 회의'가 주목받고 있다. 이들의 토의 방식을 생각해볼 때도 '요해'는 많은 시사점을 준다.

둘째, 전문 지식에 대한 불신이나 불안을 해결할 방법도 고려해야 한다. 최근의 고도 과학기술이 초래한 다양한 리스크는 과학의 신뢰성을 의심하게 만드는 계기를 만들어내고 있다. 전문 지식이나 과학에 대한 신뢰 문제에 대해서 우리는 어떤 대처법을 전망할 수 있을까?

이 점과 관련해서는 환경문제를 인간과 자연의 관계성關係性에 근거해 분석하는 '사회적 링크론'이 주목할 만하다. 키토 슈이치鬼頭秀一에 따르면 오늘날 고도 기술은 우리의 경험으로 통제할 수 있는 것이 아니며 경험에 의거해 신뢰할 수 있는 것도 아니다(鬼頭秀一, 2005). 따라서 특정 지역이나 문화에 역사적으로 축적되어 있는 고유 지식local knowledge이나 생활의 지혜를 원용하고 활용할 필요가 있다. 이들을 이용해 기술을 길들이고 경험을 통해 신뢰를 획득함으로써 과학기술의 불확실성에서 유래하는 불신을 보완해야 한다. 이는 곧 보이지 않는 기술을 보이는 것으로 전환하는 일이다. 나아가 사람들이 자신의 손으로 감당할 수 없게 된 리스크를 다시 자기책임 아래에서 통제할 수 있도록 되돌리는 일이기도 하다. 이를 통해 사람들은 스스로 기술을 제어할 수 있는 방법을 몸에 익혀야 한다. 그 결과 리스크 분배를 통해 사람들이 서로 의지하며 사는 사회를 구축할 수 있다.

신뢰는 스스로 위험한 행위를 과감하게 선택하는 것과 깊은 관계가 있다. 이때 필요한 것은 자신의 행위와 결과의 상관성이 가시화하는 것이다. 수해水害를 예로 들어 말하면, 일찍이 일본에서는 지역 주민이 자치적으로 수해에 대응하기 위해 수해예방조합을 각지에 조직하고 수방 활동의 주력을 형성했다. 수익자 부담 원칙에 근거해 지역 주민이 토지소유면적이나 건물의 고정자산세액, 수해 빈도 등에 따라 조합비를 내면 조합은 이를 이용해 하천 환경의 정비나 제방의 개수 등을 진행했다. 그런데 이 단체는 1958년 수방법水防法 개정을 계기로 점차 해산되었고 시정촌의 예산에 의해 운영되는 '수방사무조합'으로 재편되었다. 현재 전국에 '수해예방조합'은 불과 열 개 안팎으로 남아 있으며 그마저도 형해만 남아 해당 지역 주민이 그 존재를 알지 못하는 경우도 있다.

이 같은 상황의 원인으로는 도시화의 진전과 조합비 부담을 둘러싼 주민 사이의 심각한 분쟁 등을 들 수 있는데, 주된 원인은 댐이나 제방으로 대표되는 치수治水 기술의 현저한 발전이다. 전문 지식에 의존해 수해를 방지할 수 있게 되자 사람들은 수해 리스크를 걱정하지 않고 일상을 지낼 수 있게 되었다. 마치 수해 리스크가 존재하지 않는 것처럼 생각하게 된 결과 하천에 대한 사람들의 관심은 희박해졌고 수해 방지를 위한 전통적인 지혜가 소실되었다. 그 결과 일단 수해가 일어나면 심대한 피해가 일어난다. "수방과 치수의 분리"라고 일컬어지는 사태도 이 같은 맥락과 함께한다(宮村忠, 1985).

수해를 완전히 없애는 일은 불가능하다. 따라서 필요한 것은 지역 주민이 평소 수해와 더불어 살고 수해 리스크를 나눠 짊어지는 일이다. 이것이 수해 대응의 기본이다(大熊孝, 1988). 물론 고도의 치수 기술을 구사해 대홍수가 일어나지 않도록 하는 일이 가장 중요하다. 하지만 큰 피해가 나지 않을 정도의 수해는 적당히 범람·유수시켜 평소에 수해를 체험할 기회를 가지도록 해야 한다. 즉, 피해 경감을 위한 방법을 훈련하는 일 역시 필요하다. 이런 사고방식은 고도 기술의 효율성을 살리면서 주민을 위한 기술보다 주민에 의한 기술에 중점을 두는 것이다. 이는 주민이 가시적으로 확인하고 참가 가능한 커뮤니티 기술을 지역사회에 도입하는 것으로 리스크 관리를 위한 중요한 사고방식이다(園部雅久, 1984 참조).

일찍이 울리히 벡은 『위험사회』에서 "위해의 빈곤화"라는 표현을 사용해 리스크나 위험에 대한 정의를 전문가가 독점해 피해를 입을 수 있는 당사자의 직접적인 경험이 갖는 의의가 저하되고, 그 결과 당사자가 "관할 외"로 되어버리는 현상을 지적한 바 있다(Beck, 1986). 니클라스 루만 역시 리스크가 과잉 또는 과소평가되어 리스크 연설이 날카로워지거나 일상생활의 불안이 커지는 경향을 '시스템 분화·역할 분화의 진전과 경험의 추상화'로 설명한 바 있다(Luhmann, 1991: 120~121). '주민에 의한 기술'은 '위해의 빈곤화'를 완화하기 위한 방법으로도 생각할 수 있다.

셋째, 신뢰를 중심으로 새로운 리스크와 더불어 살아가기 위한 방법에 관해 사고하기 위해서는 신뢰에 대한 더욱 상세하고 치밀한 이론을 전개할 필요가 있다.

예를 들어 우리는 신뢰와 불신을 날카롭게 대립하는 사고방식과 일정한 거리를 둬야 한다. 신뢰와 불신이 대립관계라는 사실은 분명하다. 지역 주민 사이에 성립하는 신뢰관계의 의의를 역설한 의론에서 흔히 볼 수 있듯이, 신뢰는 윤리적·도덕적으로 선이고 불신은 악이라는 것과 신뢰는 원칙이고 불신은 예외라는 것 같은 생각이 우리 마음에 암묵적으로 들어서 있을 가능성이 높다. 이 배경에는 불신이 비효율적이고 역기능적이라는 가정이 존재한다. 하지만 신뢰사회 아니면 상호 불신사회라는 양자택일은 지나치게 단순한 사고방식이다. 오히려 신뢰와 불신은 (특히 근대사회의 여러 조건 아래에서는) 서로 강화하는 관계라는 사실을 우리는 인식해야 한다. 불신의 개념에 대해서도 신뢰의 개념과 같은 정도의 배려가 필요하다.

우선 '신뢰한다'는 관점이 분화하고 있다는 사실을 냉정하게 인식해야 한다. 다시 말해 사람이나 집단을 신뢰하는 데 사용되는 관점이 무엇인지, 즉 관점의 특정화를 도입해 의론을 전개할 필요가 있다.

또한 정치나 과학에 대한 신뢰와 불신도 어떤 수준의 신뢰와 불신인지를 정확하게 구별할 필요가 있다. 정치 시스템을 예로 들어 이야기해보자. 이것을 다수의 계층으로 구성된 하나의 '양파' 같은 것으로 생각하면 가장 깊은 곳에 있는 것이 정치적인 집단이자 민주주의 그 자체, 표면에 있는 것이 현행 제도制度, 표면 더 가까운 곳에 있는 것이 특정한 정책·정당·정치인이다. 따라서 이들에 대한 신뢰 또는 불신을 일괄해 논하는 일은 옳지 않다. 로저 카스퍼슨Roger Kasperson 외 학자들이 지적한 대로 더욱 '깊은 층'의

(예를 들어 민주제에 대한) 신뢰를 확보할 수 있다면 '표층'의 불신은 오히려 유익할 수도 있다(Kasperson et al., 1999).

풀뿌리 조직에 의한 사회운동에서 흔히 볼 수 있듯이 하나의 강한 불신 표명이 종종 다른 방면의 강한 신뢰에 근거한 것일 수도 있다는 사실을 인식해야 한다. 이 조직에 기반을 둔 각종 사회운동은 신뢰를 포함한 사회관계 자본을 축적하는 데 기여함과 동시에 사회관계 자본에 의해 성립되어 그것에 의지해 활동하고 있다(Putnam, 2000). 오늘날 직접 마케팅, 전화 마케팅, 대중매체를 이용한 선전 같은 기법을 구사하는 전국의 권리옹호 조직을 보면 참가자 수의 증가가 곧 사회관계 자본의 형성으로 연결되지는 않는다는 것을 알 수 있다. 예컨대 로버트 퍼트넘에 의하면 낙태 반대운동과 찬성운동은 똑같이 그 참가자 수가 증가하고 있으나 전자는 풀뿌리를 기반으로 사회관계 자본을 증대시키고 있지만 후자는 그렇지 않다.

어느 사회가 전체적으로 신뢰사회가 되거나 불신사회가 되는 것은 아니다. 사회가 복잡해질수록 신뢰와 불신은 서로 강화해간다. 일정 수준의 불신이 장래의 손해 가능성을 조기에 발견하는 데 도움을 주는 것과 같은 유효한 기능으로 작용할 수도 있다. 중요한 것은 신뢰를 최대화하는 방법이 아니라 사회 속에서 신뢰와 불신이 서로 어떻게 뒤얽혀 있는지를 밝히는 일이다.

지나친 불안을 조장하는 연설에 선동되어 '감시사회'의 도래에 손을 빌려주거나, 전문 지식이나 정치에 몸을 맡기고 안심 속에 침윤되거나 마치 리스크가 없는 것처럼 살아가서는 안 된다. 리스크 사회를 살아가는 우리의 과제는 어떻게 '현대형 리스크'와 더불어 살아갈지, 어떻게 우리 모두 리스크를 나눠 가지며 살아갈지를 사고하는 일이다.

참고문헌

石戸教嗣. 2007. 『リスクとしての教育: システム論的接近』. 世界思想社.

石原孝二. 2004. 「リスク分析と社会: リスク評価・マネジメント・コミュニケーションの倫理学」. ≪思想≫, 963号, pp. 82~101.

大熊孝. 1988. 『洪水と治水の河川史: 水害の制壓から受容へ』. 平凡社.

吉川肇子. 1999. 『リスク・コミュニケーション: 相互理解とよりよい意思決定をめざして』. 福村出版.

鬼頭秀一. 2005. 「リスクを分かち合える社會は可能か」. 松永澄夫 編. 『環境: 安全という價値は…』. 東信堂.

小松丈晃. 2003. 『リスク論のルーマン』. 勁草書房.

園部雅久. 1984. 「コミュニティの現實性と可能性」. 鈴木廣・倉澤進 編. 『都市社會學』. アカデミア出版會.

福島眞人. 2006. 「リスク・安全・高信賴性」. 『社會學史研究』. 28巻, pp. 21~36.

丸山正次. 2006. 『環境政治理論』. 風行社.

三上剛史. 2003. 「リスク社會の共生空間」. 今田高俊 編. 『産業化と環境共生』. ミネルヴァ書房.

宮村忠. 1985. 『水害: 治水と水防の知慧』. 中公新書.

村上陽一郎. 1998. 『安全學』. 青土社.

山岸俊男. 1998. 『信賴の構造: こころと社會の進化ゲーム』. 東京大學出版會.

Beck, Ulrich. 1986. *Risikogesellschaft: Auf dem Weg in eine andere Moderne*. Suhrkamp.

Beck, Ulrich and Elisabeth Beck-Gernsheim. 1990. *Das ganz normale Chaos der Liebe*. Suhrkamp.

Deutsch, Morton. 1962. "Cooperation and Trust: Some Theoretical Notes." in Marshall R. Jones(ed.). *Nebraska Symposium on Motivation*. Oxford, England: University of Nebraska Press.

Douglas, Mary. 1992. *Risk and Blame: Essays in cultural theory*. Routledge.

Ewald, Francois. 1991. "Insurance and Risk." in Michel Foucault, Graham Burchell, Colin Gordon and Peter Miller. *The Foucault Effect: Studies in Govern-mentality*. University of Chicago Press.

Giddens, Anthony. 1990. *The Consequences of Modernity*. Polity.

Jackson, Stevi and Sue Scott. 1999. "Risk and the Social construction of childhood." in Deborah Lupton(ed.). *Risk and Sociocultural Theory: New Directions and*

Perspectives. Cambridge University Press.

Kasperson, Roger, Dominic Golding and Jeanne Kasperson. 1999. "Risk, Trust and Democratic Theory." in George Cvetkovich and Ragnar E. Lofstedt(eds.). *Social Trust and the Management of Risk*. Earthscan.

Lau, Christoph. 1989. "Risikodiskurse: Gesellschaftliche Auseinandersetzungen um die Definition von Risiken." *Soziale Welt*, Vol.40, No.3, pp. 418~436.

Luhmann, Niklas. 1973. *Vertrauen: Ein Mechanismen der Reduktion sozialer Komplexität*. F. Enke.

_____. 1991. *Soziologie der Risikos*. de Gruyter.

_____. 1992. *Beobachtungen der Moderne*. de Gruyter.

Putnam, Robert. 2000. *Bowling Alone: The Collapse and Revival of American Community*. Simon&Schuster.

Renn, Ortwin and Debra Levine. 1991. "Credibility and Trust in Risk Communication." in Roger E Kasperson and Pieter Jan M. Stallen(eds.). *Communicating risks to the public: international perspectives*. Kluwer Academic Publishers.

제 6 장

리스크 커뮤니케이션

기카와 도시코 吉川肇子

리스크 문제에는 사회적인 합의 형성이 필요한 경우가 적지 않은데, 이 같은 의사 결정에 관여하는 사람이 많으면 합의에 접근하기는커녕 오히려 의견 대립이 뚜렷해질 수 있다. 설사 그렇다고 하더라도 문제 해결을 위해서는 의견의 상위가 정확히 어떤 것인지 밝히고 서로 성실하게 대화하려는 노력을 해야 한다. 여기서 중요한 것이 바로 리스크 커뮤니케이션이다. '리스크'와 '커뮤니케이션'은 모두 일본에 없던 단어다. 따라서 이들이 의미하는 바에 일정한 합의가 없다면 우리는 리스크 커뮤니케이션의 목표조차 정할 수 없다. 그런데 우리는 리스크 커뮤니케이션을 통해 무엇을 하려는 걸까? 리스크를 '위험'이라고 번역하지 않는 것은 이 단어에는 일본어가 나타내는 '위험' 이상의 의미가 포함되어 있기 때문이다. 또한 영어권에서 말하는 리스크에는 장래에 대한 불확실성이 포함되어 있다. 이 같은 불확실한 리스크는 개인의 생각만으로 대처할 수 없다. 따라서 필요한 것이 커뮤니케이션이다. 이것을 단지 정보 전달이나 정보교환이라고 번역하지 않는 것은 커뮤니케이션 과정에서 우리가 주고받는 대상에는 리스크에 관한 정보뿐만 아니라 사람들의 감정이나 의사까지 포함되기 때문이다.

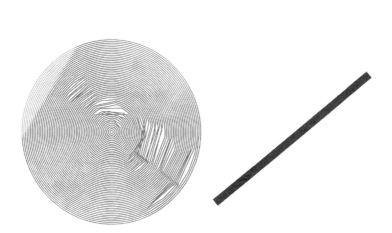

1. 리스크 커뮤니케이션이란 무엇인가

1980년대 이후 유럽과 미국에서 '리스크 커뮤니케이션risk communication'이라는 용어가 사용되었다. 그 기원을 확실하게 찾기는 어렵지만 더글러스 파월Douglas Powell과 윌리엄 레이스William Leiss는 이 용어의 첫 등장 시기를 1984년으로 보았다(Powell and Leiss, 1997). 필자가 조사한 바에 따르면 논문 제목에 이 용어가 처음 사용된 시기는 1984년이다. 이 해에 해당 용어가 쓰인 서로 다른 저자의 논문들이 출판되었다.

이 용어의 사용을 엄밀히 구애하지 않고 살펴보면 특정 용어가 등장하기 수년 전부터 이 문제에 관한 논문의 수는 증가하고 있었다. 예컨대 1980년 리스크에 관해 많은 논문을 쓴 폴 슬로빅Paul Slovic이 「사람들에게 리스크에 대해 알리기(Informing people about risk)」라는 제목의 논문을 발표한 바 있다(Slovic at al., 1980). 또한 1995년 리스크 커뮤니케이션에 대해 많은 연구를 한 바루크 피쇼프Baruch Fischhoff가 발표한 논문은 저자의 사적인 기록이라고 양해를 구한 다음 20년 남짓한 리스크 커뮤니케이션의 역사를 돌아본다(Fischhoff, 1995). 다시 말해 그는 이미 1975년에 리스크 커뮤니케이션 관련 문제를 의식하고 있었다고 할 수 있다.

리스크를 전달하는 방식, 즉 커뮤니케이션 기술에 관한 문제에 한정해 살펴보면 사회심리학 영역에서는 이미 오랫동안 이를 연구해왔다. 주된 성과가 '설득적 커뮤니케이션' 연구인데, 이 장에서도 그 일부를 소개할 예정이다. 주디스 리히텐베르크Judith Lichtenberg와 더글러스 매클린Douglas MacLean은 리스크와 과학기술에 대한 정보원의 다수를 구성하고 있는 것이 미디어라고 봤다. 현대사회에서 이루어지는 리스크 커뮤니케이션의 대부분이 매스 커뮤니케이션이라고 한다면 리스크 커뮤니케이션의 여러 관심 영역은 이미 반세기 이상에 걸쳐 매스 커뮤니케이션 연구자에 의해 연구되어 왔다고 지적한 바 있다(Lichtenberg and MacLean, 1991).

리스크 커뮤니케이션의 정의는 다양하다. 그중 흔히 사용되는 것이 미국립연구협회 National Research Council가 규정한 정의다. 긴 원문을 요약하면 "개인, 기관, 집단 사이에 정보나 의견을 주고받는 상호작용적인 과정"이라고 할 수 있다. 이 과정에서 주고받는 대상에는 두 종류의 메시지가 포함된다(National Research Council, 1989: 21). 하나는 리스크의 성질에 관한 다양한 메시지 risk message다. 또 다른 하나는 엄밀히 따지면 리스크 자체가 아니라 리스크 메시지에 대한 또는 리스크 관리를 위한 법률과 제도의 정비에 대한 관심·의견·반응을 나타내는 메시지다.

이 같은 리스크 커뮤니케이션의 정의에서 주목해야 할 점은 다음 두 가지다. 첫째, 리스크 커뮤니케이션을 보내는 사람과 받는 사람의 상호작용 과정으로 생각하고 있다는 점이다. 보내는 사람이 받는 사람에게 리스크 정보를 일방적으로 전달하는 것이 아니라 받는 사람도 보내는 사람에게 정보를 ― 예컨대 의견 같은 형태로 ― 전달할 수 있다. 이 점에서 리스크 커뮤니케이션은 일방적인 '리스크 정보 전달'과 명확히 구별된다. 이러한 관점에 따르면 리스크 전문가가 정보를 독점하거나 그들의 욕구에만 의거해 정보를 제공한다는 주장은 정당성을 상실한다.

둘째, 이 같은 정의의 배경에는 리스크에 노출되는(또는 노출될 가능성이 있는) 사람들에게 충분한 정보를 제공하는 일과 이를 통해 그들이 문제를 깊이 있게 이해하는 것이 중요하다는 생각이 존재한다. 리스크 커뮤니케이션은 리스크 자체에 관한 것뿐만 아니라 해당 리스크에 관계된 문제에 대한 다양한 의견과 관심의 표명까지 취급한다. 여기서 주의할 점은 리스크 정보 전달이 이를테면 전문가가 올바른 결정이라고 평가할 수 있는 결과로 귀결되는 정보 전달만을 의미하지 않는다는 사실이다. 이는 첫 번째 특징과도 연결된다. 리스크 문제에 관해 결정을 내리는 주체가 리스크 전문가에 한정되지 않고 리스크에 노출되는 사람을 포함한 사회 전체인 만큼 그 결정이 초래하는 결과 또한 특정 관계자에 의해서만 정당하다고 인정되어서는 안 된다.

미 국립연구협회는 '리스크 커뮤니케이션'에 속하는 '리스크'에 대해서도 정의하고 있다. 이에 따르면 리스크란 해저드hazzard(책임의 중대성)와 그것의 발생 확률을 곱한 값이다. 즉, 실제로 해저드가 발생할 가능성에 대한 기댓값이 리스크다. 해저드에 대해서는 "사람이나 물건에 대해 해harm를 입힐 가능성이 있는 행위 또는 현상"이라고 정의한다. 이러한 리스크를 과학적으로 평가하는 과정이 바로 리스크 사정查定이다.

최근 EU를 중심으로 리스크 정의에 관한 활발한 의론이 이루어지고 있다(山本明·大坪寬子·吉川肇子, 2004). 이 같은 정의를 엄밀히 적용하면 해저드와 발생 확률을 정량적으로 알지 못할 경우 리스크를 사정할 수 없다. 게다가 그중 어느 하나라도 알지 못할 경우에는 리스크로 취급할 수도 없다. 이런 상황에서는 사회가 직면한 다양한 문제를 취급할 수 없거나 리스크로 확정하는 시기에는 이미 뒤늦은 대처가 될 수 있다는 우려가 제기된다[대표적인 것이 유럽 환경청 리포트다(European Environment Agency, 2001)].

이 같은 이유로 해저드나 피해의 정도 또는 발생 확률이 미정이여서 리스크를 정량적으로 표현할 수 없을 경우 넓은 의미로 리스크를 파악할 수 있도록 하는 방법이 지지를 얻고 있다. 유럽 환경청 리포트는 해저드와 발생 확률을 알 수 있는 것을 리스크로, 해저드는 인정할 수 있으나 발생 확률을 확정할 수 없는 것을 불확실성uncertainty으로, 해저드나 발생 확률 모두 미정인 것을 무지ignorance로 정의하며 불확실성과 무지까지 광의의 리스크 개념에 포함하고 있다.

원칙상 수치로 표현해야 하는 과학적인 리스크 사정에서도 그 단위를 통해 무엇을 지표로 삼을 것인지와 관련해 주관적인 가치가 개입할 여지가 있다. 비용-cost 이나 이익benefit 으로 상정하는 것(이른바 종점endpoint 의 선정)에 따라 사정 결과는 달라질 수 있으며 현실적으로 이것이 사정 그 자체보다 중요한 논점이 될 수도 있다(Nickerson, 2003).

의론이 진전됨에 따라 사람들은 초기의 미 국립연구협회 정의에 국한하지 않고 리스크 커뮤니케이션이 취급하는 리스크에 더욱 넓은 의미의 리스크를 포함하기 시작했다. 유럽과 캐나다를 중심으로 제안된 이른바 예방원칙precautionary principle (또는 사전 경계의 원칙) 또는 예방적 접근방식precautionary approach 은 광의의 시야로 리스크를 취급하는 관점을 따른다. 즉, 리스크 커뮤니케이션이 지향하는 점은 현상적으로는 설사 미지의 부분이 있더라도 사회 전체가 정보를 공유하고 교환해 리스크 문제를 더욱 신속하고 적확하게 대처하는 것이다.

일본에 '리스크 커뮤니케이션'이라는 새로운 용어가 도입되자 많은 사람이 이 기법을 리스크에 대한 새로운 또는 특수한 커뮤니케이션 기법이라고 생각하게 되었다. 또한 최근 기업의 여러 불상사나 행정 관청의 엉터리 같은 일처리가 발각되자 위기관리 방법의 하나로 리스크 커뮤니케이션을 주목하고 있다. 적지 않은 사람들은 리스크 커뮤니케이션을 긴급한 상황에서 기자회견을 여는 방법, 언론에 대처하는 방법과 같은 대단히 전술적인 부분으로 생각하고 있다.

그러나 이러한 생각은 모두 오해다. 단순한 커뮤니케이션 기법을 알기 위해서는 심리학 분야에서 이루어진 커뮤니케이션에 대한 연구 성과를 활용하면 큰 도움이 될 것이다. 리스크 커뮤니케이션은 긴급한 사태를 수습하는 방식과 같은 단기적인 전술만으로 이루어진 것이 아니다. 뒤에 가서 커뮤니케이션의 전술적인 방법에 관해서도 검토를 하겠지만 전술은 리스크 커뮤니케이션의 장기적인 전략이 사전에 존재해야만 의미가 있다.

커뮤니케이션 기법이 이미 있음에도 새로운 용어가 필요한 것은 사람들의 머리에 새로운 사고방식이 침투해야 하기 때문이다. 리스크 커뮤니케이션은 단순한 리스크 정보 전달 기법 또는 일반인을 납득시키기 위한 기술이 아니다. 또 성공적인 기자회견 개최 방법과 같은 기술을 나열하는 것도 아니라는 점을 필자는 강조하고 싶다.

2. 리스크 커뮤니케이션이 왜 필요한가?

리스크 커뮤니케이션이라는 새로운 용어가 왜 필요해졌을까? 그 배경에는 다음과 같은 두 가지 사회적 상황이 존재한다.

먼저 리스크 문제의 현재화다. 실제로 1960~1970년대에 걸쳐 전 세계에서 환경문제, 약해, 제품 사고, 인구 증대에 따른 자연재해 확대 같은 것이 빈번하게 발생했다. 리스크 문제의 결과를 예상하는 데는 불확실한 부분이 많다. 이를테면 환경문제의 악화는 지구온난화나 건강에 관한 피해 등으로 나타나지만 이에 관한 진행 속도, 영향, 방법 등을 분명하게 예상하는 일은 가능하지 않다.

리스크 문제의 증대는 리스크 삭감에 드는 총비용의 증대를 의미한다. 따라서 코스트 퍼포먼스cost performance(비용 대 성능 비율)의 관점에서 비용을 투자해야 하는 분야를 판단하는 데 유리한 지표가 존재하는 것은 유익하다. 만약 화학 리스크, 재해 리스크, 식품 리스크가 모두 동일한 지표로 표현되면 그중 지표 값이 큰 리스크에 비용을 중점적으로 투여해 리스크 억제를 도모하는 일이 정책적으로 합리적이다. 이 같은 논리가 과학적인 리스크 사정이 필요하게 된 배경을 이룬다. 일찍이 보험 분야에서는 이 같은 리스크 사정을 이용해왔다.

이러한 일련의 사고방식이 사람들에게 과학적인 리스크 사정과 이를 바탕으로 한 리스크 관리를 지향하도록 만들었다. 한편 일반인이 전문가와는 다른 판단 기준을 사용해 리스크를 평가하는 행위(즉, 리스크를 인지하는 행위)가 현실적인 문제로 부상했다. 일반인이 전문가와 동일한 관점과 수준으로 리스크를 인지하지 않을 경우 전문가가 사정을 이용해 리스크를 관리하려고 아무리 노력하더라도 일반인의 공감을 이끌어낼 수 없으며 결과적으로 리스크 관리가 실패로 돌아갈 수 있기 때문이다.

처음에는 전문가와 일반인이 리스크를 다르게 인지하는 문제가 리스크 인지에 대한 초보자의 편견bias 때문인 것으로 간주되었다. 따라서 '어떻게 하면 사람들에게 리스크를 이해시킬 수 있을까?'에 답하는 커뮤니케이션 기술이 필요하다고 인식되었다. 뒤에 가서 자세히 논하겠지만, 이 같은 전문가의 문제의식은 이른 단계에서 파탄에 처했다.

리스크 커뮤니케이션을 낳은 또 다른 사회적인 상황은 1960년대부터 활발해진 소비자 운동 또는 알 권리의 존중을 요구하는 일과 같은 사회적인 가치관의 변화다. 종래에는 오로지 행정 관료나 과학자 등의 리스크 전문가가 정보를 독점하고 의사 결정을 해왔다. 즉, '전문가에게 맡기면 안심이 된다'는 사고가 일반인의 잠재의식을 지배했다. 그러나 전문가에게만 의사 결정을 맡겨서는 해결되지 않는 문제가 분출하기 시작했다. 그 예가 기업이 이윤을 추구하면서 소비자 안전을 배려한 제품을 만든다고 단정할 수 없는 것, 의사-환자 관계에서 환자가 자발적으로 치료에 관여하지 않으면 치료 효과를 충분히 거둘 수 없는 것 등이다. 또한 지역별로 경제 격차가 확대되는 것과 관계가 깊은 문제이지만 리스크가 특정 지역에 편중되는, 이른바 사회적인 공정성 문제도 대두되었다. 사회 전체적으로는 리스크와 이익 사이에 균형이 유지되고 있다 해도 리스크가 특정 지역에 가중되는 현상의 정당성에 대해서는 의론이 필요하다.

따라서 전문가와 함께 일반인, NGO, 대중매체 등 다수의 이해관계자가 의사 결정에 참여하는 일이 요구되었다. 이 같은 사회적인 움직임은 직접적으로는 공해 감소와 같은 리스크 저감으로, 간접적으로는 제도의 변경이나 정비와 같은 리스크 관리 시스템의 개선으로 귀결되었다. 이를테면 자동차 리콜 제도의 정비나 '제조물책임법' 제정은 소비자 운동의 성과라고 할 수 있다. 의사-환자 관계와 관련해서는 '사전 동의'라는 사고방식이 널리 도입되는 성과를 가져왔다.

리스크 커뮤니케이션은 커뮤니케이션의 하나이면서 리스크 관리 그 자체라고 할 수 있다. 이는 사회 전체적으로 리스크 정보를 공유해 리스크를 제어하거나 가능한 한 줄이려는 사고방식이다.

3. 이념과 문제

리스크 커뮤니케이션에서는 사람들이 결정에 참여하는 일이 중요하다. 사람들이 결정에 참여하지 않는 상황에서는 결코 바람직한 리스크 커뮤니케이션이 이루어질 수 없다. 시작 단계부터 일반인을 결정에 참여시키지 않으면 리스크 커뮤니케이션은 실패로 귀결된다.

일반적으로 정보 발신자에 속하는 리스크 전문가나 행정 관료 측이 리스크 정보를 입수하는 데 쉬운 위치에 있다. 따라서 이들이 정보 전달의 의무를 가지고 있다고 봐야 한다. 이 같은 생각을 언급하는 대표적인 학자가 피터르 스탈렌Pieter Stallen과 롭 코폭Rob Coppock이다. 이들은 리스크 커뮤니케이션에 다음과 같은 네 가지 의무imperative가 있다고 주장했다(Stallen and Coppock, 1987).

① 실용적 의무: 위험에 처한 시민에게는 피난을 위한 정보가 제공되어야 한다.

② 도덕적 의무: 시민은 선택에 필요한 정보를 가질 권리가 있다.

③ 심리적 의무: 시민은 정보를 찾는다. 공포에 대처하고 욕구를 이루는 등 자신의 운명을 통제하는 데 필요한 지식을 부정하는 것은 불합리하다.

④ 제도적 의무: 시민은 정부가 산업 리스크나 그 밖의 리스크를 효과적이고 효율적인 방법으로 규제할 것을 기대한다. 또한 정부가 그 책임을 적정하게 짊어지고 있다는 정보를 받을 수 있기를 기대한다.

이상 네 가지 의무는 정보 발신자에게는 의무이지만 수용자에게는 권리로 간주될 수 있다. 정보 수용자의 권리로 볼 수 있는 의무를 자세히 살펴보면 이것이 1962년 미국의 존 케네디John Kennedy 대통령 특별교서가 제시한 소비자의 네 가지 권리와 대단히 흡사하다는 사실을 알 수 있다.

케네디 특별교서에 있는 네 가지 권리는 안전을 추구할 권리, 알 권리, 선택할 권리, 의견을 표명할 권리다. 이들은 각각 실용적 의무, 심리적 의무, 도덕적 의무, 제도적 의무에 대응하고 있는 것 같다. 피터르 스탈렌과 롭 코폭은 그들이 주장하는 네 가지 의무와 소비자 권리의 유사성에 대해 서술한 바 있다. 이를 통해 리스크 커뮤니케이션의 사고방식이 소비자 운동을 그 배경으로 두고 있다는 사실을 알 수 있다.

네 가지 의무를 토대로 생각할 때 당연히 실현되어야 할 리스크 커뮤니케이션이 실현되지 못하고 있는 이유로 다음 두 경우를 들 수 있다.

첫째, 리스크 커뮤니케이션을 시도하는 자가 의무(일부 또는 전부) 수행 의사를 가지고 있지 않은 경우다. 예컨대 리스크가 있다는 사실을 전하면 사람들이 공황에 빠질 수 있다거나 사람들이 정보의 의미를 이해할 수 없을 것이라는 이유로 리스크 커뮤니케이션을 시도하지 않는 경우를 말한다. 이는 실용적인 의무를 수행하지 않은 것이라고 할 수 있다.

둘째, 리스크 커뮤니케이션을 시도하는 자는 의무 수행 의사를 가지고 있으나 커뮤니케이션의 기술적인 문제가 이를 방해하여 리스크 커뮤니케이션이 실현되지 못한 경우다. 예컨대 '어떻게 이야기해야 이해시킬 수 있을지 알 수 없다'는 식의 생각을 가진 사람들이 이 경우에 해당된다.

사실상 리스크 커뮤니케이션에서 검토해야 할 문제는 후자다. 커뮤니케이션 기술에 관한 연구 성과가 효과를 볼 수 있는 경우는 위에 열거한 네 가지 의무를 수행할 의사가 존재한다는 전제하에 이루어지는 커뮤니케이션의 수행 방식에 대해서이기 때문이다.

이러한 관점에 따라 이 장에서는 필자의 전문 분야인 심리학의 연구 성과를 기반으로 리스크 커뮤니케이션을 어떻게 수행할지에 관한 문제를 중점적으로 논한다.

4. 리스크 커뮤니케이션의 영역

리스크 커뮤니케이션 영역은 대단히 넓다. 미 국립연구협회는 1989년 이 영역을 크게 두 가지로 분류했다(National Research Council, 1989). 하나는 개인적 선택personal choice 영역이고 다른 하나는 사회적 논쟁public debate 영역이다.

개인적 선택 영역에서 중요한 것은 개인이 리스크에 관한 정보를 받았을 때 취하게 되는 리스크 회피 행동의 여부다. 이 영역에서 리스크 커뮤니케이션이 목표로 하는 것은 다양한 선택지 가운데 리스크가 적은 쪽을 선택하고 행동하도록 개인에게 유의미한 정보를 전달하는 방법에 관한 것이다. 물론 동일한 정보가 주어진다고 해서 모든 개인이 리스크 회피를 위해 똑같은 행동을 하지는 않는다. 개인마다 인지능력이 다르고 취할 수 있는

개인적 선택 영역	사회적 논쟁 영역
① 소비생활용 제품 ② 건강·의료 문제 ③ 재해(자연재해, 과학기술 사고)	④ 고도의 과학기술 (원자력, 유전자 치환 기술 등) ⑤ 환경문제

행동에 한계가 있기 때문에 같은 정보를 수용하는 과정에서 차이가 발생한다. 또한 사람들은 다양한 가치관을 가지고 있으며 이것 역시 개인의 행동에 영향을 미친다.

사회적 논쟁 영역에서 중요한 것은 많은 사람의 관심을 불러일으켜 공적인 방식에 따라 문제를 해결하는 일이다. 여기에서 리스크 커뮤니케이션이 목표하는 바는 리스크에 연관된 사람이 관련 문제나 행동에 대한 이해 수준을 높여 이용 가능한 지식 범위 내에서 적절한 지식을 갖게 됨으로써 만족하게 하는 것이다. 주의해야 할 점은 같은 정보를 공유하게 된 사람이라도 그들의 의론에는 시대, 사회, 문화에 따라 서로 다른 가치가 반영된다는 사실이다. 동일한 정보가 전달되더라도 시대와 사람에 따라 서로 다른 결정을 내리는 것은 충분히 가능하다. 하지만 그 결정이 반드시 최선이라고 할 수는 없다. 그럼에도 어떤 리스크에 관련된 사람이나 단체가 같은 정보를 공유하고 서로 이해하는 일은 중요하다.

구체적인 문제 영역으로는 대표적으로 다음 항목(〈그림 6-1〉)을 들 수 있다. ① 소비생활용 제품, ② 건강·의료 문제, ③ 재해(자연재해, 과학기술 사고), ④ 고도의 과학기술(원자력, 유전자 치환 기술 등), ⑤ 환경문제다.

소비생활용 제품에 붙어 있는 경고 표시, 의료에서의 리스크 커뮤니케이션 문제, 재해 관련 리스크 커뮤니케이션 문제는 개인적 선택 영역으로 분류할 수 있다. 이들 문제에 대해서는 가능한 한 리스크를 회피할 수 있도록 개인에게 정보가 전달되지만 현실적으로 리스크 회피 행동의 여부는 결국 개인의 선택에 맡기기 때문이다.

고도의 과학기술이 초래하는 문제는 사회적 논쟁 영역에 속하며 그 예로 원전 건설 문제나 유전자 치환 기술 등을 들 수 있다. 아울러 과학기술 발전의 결과로 생기는 환경문제 역시 같은 영역에 속한다.

모든 문제를 개인적 선택 또는 사회적 논쟁으로 명확하게 분류할 수 없다. 예컨대 흡연 여부는 기본적으로 개인적 선택의 문제지만 간접흡연에 의한 건강 침해가 심각해질 경우 더 이상 흡연자만의 문제가 아니게 된다. 더 나아가 흡연자의 건강 악화에 따라 사회적 비용(의료비)이 증대하는 상황도 문제가 될 수 있다. 이는 공공장소에서의 금연을 검토하는 일로 연결될 수 있으며, 이를 사회가 받아들일 것인지의 여부는 사회 구성원들의 대화와 토론에 의해 결정되어야 한다. 그 결과 원래는 개인적 선택 사항이었던 흡연이 사회적 논쟁 대상으로 전환된다.

중시하는 측면에 따라 같은 문제가 개인적 선택 또는 사회적 논쟁으로 나뉠 수 있다. 요즘 눈부신 진보를 보이고 있는 유전자 치료의 경우 치료 여부는 개인적 선택 영역에 속하는 문제다. 하지만 인간의 유전자를 조작하는 기술을 사회적으로 인정할 것인지 여부는 사회적 논쟁 영역에 속하는 윤리적인 문제로 취급된다.

모든 것을 엄밀하게 분류할 수는 없지만 커뮤니케이션 기술 관련 문제에서 이러한 구별을 고려하는 것은 중요하다. 설득적 커뮤니케이션 기술의 이용 여부와 관련해 양자 사이에 차이가 있기 때문이다.

개인적 선택 영역에서는 리스크에 관한 정보가 적절하게 전해지는 일이 중요하기 때문에 '어떻게 하면 정보를 알기 쉽게 전달할 수 있을까?' 또는 '어떻게 하면 개인이 리스크를 회피할 수 있을까?'라는 문제가 의론의 중심이 된다. 이를 위해 개인의 태도나 행동의 변용을 촉진하는 '설득적 커뮤니케이션'의 연구 성과를 활용할 수 있다. 반면 사회적 논쟁 영역에서는 의사결정을 어떻게 하는 것이 사회적으로 옳은지를 명확히 판별할 수 없는 문제가 많다. 따라서 사람들의 사고방식이나 태도를 일정한 방향으로 유도하는 설득적 커뮤니케이션 기술을 활용하는 일은 신중해야 한다. 최신의 과학적인 식견에 비춰 최선이라고 생각되는 선택지라고 해도 그것이 장래에도 옳다는 보증은 없기 때문이다.

5. 심리학의 기여

리스크 커뮤니케이션은 사회심리학의 핵심 주제인 커뮤니케이션의 형태를 띠고 있다. 그 때문에 연구 초기부터 사회심리학의 지견知見을 응용해 왔다. 특히 인지심리학은 리스크 커뮤니케이션 연구자가 주목하기 전부터 이 문제에 많은 관심을 기울이고 있었다. 대표적인 주제가 사람들이 리스크를 어떻게 인지하느냐에 관한 것이다. 피해의 중대성과 발생 확률을 계산할 수 있다면 리스크를 과학적으로 사정하는 일이 가능하다. 하지만 그 결과에 대해 전문가와 비전문가가 실감하는 것이 서로 반드시 일치하지는 않는다.

이러한 차이가 생기는 것은, 비전문가는 리스크의 중요성과 발생 확률 외에도 또 다른 정보를 토대로 리스크를 판단하기 때문이다. 피터 베넷Peter Bennett은 이전에 이루어진 연구를 개관해 다양한 판단 기준 가운데 사람들의 리스크 인지를 제고하는 것으로 다음과 같은 열한 가지 항목을 들었다 (Bennett, 1999).

① 자신의 뜻에 어긋나게 노출된다.

② 불공평하게 분배된다.

③ 개인적인 예방활동으로는 피할 수 없다.

④ 잘 모르겠다 또는 신기하다.

⑤ 인공적이다.

⑥ 감추어진, 돌이킬 수 없는 피해가 있다.

⑦ 어린이나 임산부에게 영향을 준다.

⑧ 일반적인 경우와 다른 방식으로 죽는다.

⑨ 피해자가 가까이 있다.

⑩ 과학적으로 해명되지 않는다.

⑪ 신뢰할 수 있는 복수의 정보원에게서 모순된 정보가 전해진다.

여기서 문제는 일반인이 행하는 리스크 인지의 옳고 그름이 아니다. 리스크 커뮤니케이션에서 과학적으로 정확한 정보를 전달하는 일이 중요하다는 것은 틀림없는 사실이다. 하지만 리스크 전문가는 그것에 부심한 나머지, 사람들이 구하고 있는 특정한 정보, 즉 사람들의 정보 욕구에 대한 배려를 놓치기 쉽다. 리스크 커뮤니케이션에서 요구되는 것은 정확한 정보와 함께 사람들이 필요로 하는 정보다. 이를 위해서 우선 전문가가 아니라 일반인이 행하는 리스크 인지 행위의 특징을 아는 일이 중요하다.

더 나아가 동일한 리스크 사정을 토대로 판단을 내리는 전문가 사이에서도 문화 차이로 인해 리스크를 인지하는 데 차이가 발생한다는 사실을 알아야 한다(Mertz et al., 1998). 지금 언급하는 연구는 화학물질 리스크를 대상으로 한 영국 화학제품 취급 기업의 상급 관리직, 독물학회毒物學會 회원, 캐나다 일반 시민의 인지 수준을 비교한 것이다. 그 결과를 상세히 소개할 수는 없으나 흥미로운 결과로 독물학회 회원 사이에서도 위험을 인지하는 데 차이가 발생했다는 사실을 말하고 싶다. 정부나 기업에 소속된 회원은 화학제품 기업의 상급 관리직과 비슷하게 리스크 인지 수준이 낮았다. 반면 학문적인 성격을 띠는 단체의 회원은 리스크 인지 수준이 높게 나타났다. 연구자는 이 같은 결과를 고려해 리스크 인지에는 다양한 형태의 문화적인 차이가 존재한다고 서술했다. 이 문화에는 성별, 민족, 사회적인 지위, 연령, 직업 집단, 직업적인 지향점 같은 것이 반영되어 있다.

소속된 사회집단에 따라 리스크 인지에 차이가 난다는 사실에 대해서는 일본학자 코스기 모토코小杉素子와 쓰치야 토모코土屋智子의 연구가 있다(小杉素子·土屋智子, 2000). 이에 따르면 전문가는 아니지만 전문가가 많은 조직에서 사무직으로 근무하는 사람(전력중앙연구소의 사무직원)은 일반인보다는 전문가와 유사한 리스크 인지를 나타낸다. 과학기술 관련 사고에 대해서도 전문적인 교육·훈련의 유무와 상관없이 전력중앙연구소의 사무직 원은 원자력 전문가와 대단히 유사한 태도를 보였으며 일반인의 사고방식과는 큰 차이를 드러냈다.

이 결과는 개인의 소속 사회집단이 리스크 인지에 영향을 미친다는 사실을 시사한다. 이는 리스크를 과학적으로 사정하는 과정뿐만 아니라 결과를 해석하는 과정에도 자의성이 개입할 여지가 있음을 뜻한다.

이처럼 리스크 전문가와 일반인의 리스크 인지가 서로 다르다는 사실을 알게 되자 일반인의 리스크 인지를 전문가와 비슷한 수준과 양상으로 만들기 위해 리스크 커뮤니케이션의 초기 단계에서는 설득적 커뮤니케이션을 이용한 인지 변용의 가능성에 연구의 초점을 맞췄다. 즉, 리스크 커뮤니케이션을 홍보 방법의 하나로 생각했다. 또한 리스크를 이해하지 못하는 것은 그것을 이해하는 데 필요한 적절한 지식이 없기 때문이라고 보는 '결함모형deficit model'에 의거해 커뮤니케이션을 이해했다.

현실적으로 모든 리스크 문제에 대해서 일반인의 지식을 전문가 수준으로 끌어올리는 일은 어렵다. 또한 전문가가 자신의 전문 영역이 아닌 다른 영역에 관한 지식을 습득하는 일은 쉽지 않다. 따라서 리스크 커뮤니케이션의 초기 단계를 이루는 사고방식이 머지않아 붕괴할 것이라는 전망은 충분히 예상되었다.

사람들이 모든 리스크 정보를 이해한다고 해도 그 판단 내용이 전문가의 의견과 반드시 같다고 할 수 없다. 개인이 어떤 선택지를 택하는 행위는 자신의 가치관이나 사회의 가치관에 영향을 받기 때문이다. 개인의 가치관에 대한 배려 없이는 리스크 커뮤니케이션은 성립하지 않는다.

다만 리스크 커뮤니케이션이 설득을 완전히 금하지는 않는다. 사람들이 위험한 행동을 하지 않도록, 리스크를 회피할 수 있도록 행동을 변용시키는 일도 리스크 커뮤니케이션의 주요 목표 중 하나다. 이를테면 경고 표시나 재해 시의 피난 권고 같은 것이 있다. 이 경우에는 사람들이 제품을 잘못 사용하지 않도록, 위험한 지역에서 신속히 피난갈 수 있도록 정보를 효과적으로 전달하는 일이 중요하다.

개인적인 리스크에서는 사람들의 리스크 인지 수준이 낮을 가능성이 높다는 '비현실적인 낙관주의unrealistic optimism'가 문제가 된다(Weinstein, 1980). 즉, 사람들이 리스크 정보를 에누리해서 받아들여 리스크 회피 행동을 취하지 않는 경우가 많이 발생한다. 전형적인 예로 재해 시 피난 권고를 받아도 실제로 피난하는 사람의 비율은 낮은 것을 들 수 있다.

따라서 사람들의 행동에 변용을 일으키기 위해서는 설득 기법을 활용하는 일 역시 중요하다. 여기에서는 연관이 특히 깊다고 생각되는 설득 기법 두 가지를 소개한다[상세한 소개는 吉川肇子(1999)를 참조]. 바로 '공포 환기 커뮤니케이션'과 '일면적·양면적 커뮤니케이션'이다.

'공포 환기 커뮤니케이션'은 커뮤니케이션 상대방에게 신체에 관한 위험을 전달해 공포 감정을 불러일으키는 기법이다. 이 기법은 전형적으로 위험에 대한 기술(그 원인이나 결과)과 위험을 피하기 위한 행동으로 구성된다 (Leventhal, 1970). 심리학 연구에서는 실험상 피험자의 공포를 만들어내기 위해 건강 문제나 원자력기술 개발을 화제로 다루는 경우가 많다.

공포 환기 커뮤니케이션 연구 초기에는 지나치게 강한 공포를 불러일으킬 경우 오히려 태도의 변용이 일어나지 않는다고 지적되었다. 그러나 이후 많은 연구 결과, 환기되는 공포가 강할수록 태도 변화가 뚜렷해지는 것으로 드러났다. 이 결과를 리스크 커뮤니케이션에 적용해보면 사람들의 리스크 회피 행동을 야기하기 위해서는 더욱 강한 공포감을 불러일으킬 수 있는 리스크 커뮤니케이션이 요구된다고 할 수 있다.

일면적 커뮤니케이션이란 설득하는 입장에 관한 찬성론만 전달하는 커뮤니케이션을 말한다. 반면 양면적 커뮤니케이션이란 설득하는 입장에 관한 찬성론뿐만 아니라 반대론까지를 전달하는 커뮤니케이션을 말한다.

리스크 커뮤니케이션과 이들 설득 커뮤니케이션을 비교해보면 문제에 대한 부정적인 면까지 전달한다는 점에서 리스크 커뮤니케이션은 양면적 커뮤니케이션에 가깝다. 양면적 커뮤니케이션은 다음 네 가지 경우에 일면적 커뮤니케이션보다 효과가 있다고 알려졌다.

① 반대 입장을 가진 사람을 설득하는 경우
② 설득당하는 사람의 교육 수준이 높은 경우
③ 화제에 관해 설득당하는 사람이 정보와 지식을 많이 가지고 있을 경우
④ 설득당하는 사람이 역선전에 접할 가능성이 있을 경우

기노시타 도미오木下富雄와 기카와 도시코吉川肇子는 방사선을 이용한 과학기술(흉부 X선 촬영, 원자력 발전, 고준위 폐기물의 처리, 식품에 대한 방사선 조사)을 리스크 인지 대상으로 삼아 양면적 커뮤니케이션 효과를 검토한

바 있다(木下富雄·吉川肇子, 1989). 그들의 연구 결과를 보면 양면적 커뮤니케이션이 이들 과학기술에 대한 사람들의 리스크 인지에 변화를 일으키지는 못했지만 정보 제공자나 정보 내용에 대한 신뢰를 상승하게 한 것은 분명하다.

과학기술의 부정적인 면까지 전달하는 일이 정보 제공자에 대한 신뢰를 높인다는 결과를 보여준 이 연구는 장기적인 관점에서 보면 리스크 커뮤니케이션을 시도하는 사람과 수용하는 사람 사이의 신뢰관계를 구축하기 위해서는 양면적 커뮤니케이션이 중요하다는 사실을 시사한다.

사회적인 합의가 요구되는 사회적 논쟁 영역에 속하는 문제를 해결하기 위해 커뮤니케이션 기술을 활용하는 일 외에도 사회심리학이 기여할 수 있는 연구 성과가 존재한다. 대표적으로 '절차적 공정성procedural justice 이론'이 있다(Thibaut and Walker, 1975).

절차적 공정성이란 의론 결과의 공정성이 아니라 결과에 이르기까지의 과정과 절차에 대한 올바름과 공평함에 관한 것이다. 절차적 공정성에 대한 일련의 연구에서 주목할 점은 '발언 기회'라는 개념이다. 절차나 과정에 대한 사람의 반응은 의견 표명의 기회를 가짐으로써 호의적으로 나온다는 사실을 많은 연구가 밝혀내고 있다.

일찍이 리스크 커뮤니케이션 연구에서도 '참여'의 중요성이 지적되었다 [예를 들면 Kasperson and Stallen(1991)]. 의사 결정 과정에 일반인이 참여해 발언 기회를 가짐으로써 커뮤니케이션은 시도하는 자-수용하는 자의 일방적인 관계에서 쌍방향적인 관계로 변한다. 이 같은 관계를 통해 때때로 오해를 축소하거나 내용을 수정할 수 있으며, 결과적으로 상호 이해가 심화하는 현상을 기대할 수 있다.

이뿐만 아니라 참여 기회의 존재는 리스크 전문가나 행정기관에 대한 신뢰를 높여 주는 일과 관련된다. 다만 오르트윈 렌Ortwin Renn과 데브라 러

바인^{Debra Levine}은 단순히 참여 기회의 횟수가 기관에 대한 신뢰를 지각하는 데 영향을 주지는 않는다고 기술했다(Renn and Levine, 1991). 최근에는 참여 기회를 보장하는 것뿐만 아니라 어떠한 참여 방법을 사용할 때 신뢰가 상승하는지에 대한 구체적인 연구가 진행되고 있다. 덧붙이자면 신뢰에 대한 최근의 심리학 연구 결과는 나카야치 가즈야^{中谷內一也}의 책에 잘 나와 있다(中谷內一也, 2006).

참여 기회의 존재가 일반인의 리스크 인지 수준을 낮추는 효과가 있다는 연구 결과도 있다(Frewer et al., 2002). 연구자들은 유전자 치환 식품에 대한 리스크 인지를 조사했다. 그 결과 여성이나 교육 수준이 낮은 사람들의 리스크 인지 수준이 높은 것은 이들이 사회적으로 리스크 관리에 대한 의사 결정에 참여할 기회가 없었기 때문이라고 해석했다.

6. 대중매체의 영향

리스크 문제에 대한 관심이 높아지면서 리스크가 사회문제로 발전하는 데 대중매체의 영향이 크다고 말하는 의론이 부상했다. 즉, 대중매체가 리스크의 사회적 증폭기로 작동한다는 사고방식이다(Kasperson et al., 1988). 단적인 예로 일본에서는 '루머^{rumor} 피해'라는 말이 사용되고 있다.

앞서 말했듯이 리스크 커뮤니케이션에서 발생하는 대중매체의 영향력은 오래전부터 연구되었다. 심리학 분야 외에 특히 행정 관료나 과학자 같은 이른바 리스크 전문가가 이를 중시해왔는데, 그들 대부분은 '대중매체는 선정적이다'라는 잘못된 스테레오타입^{stereotype}을 바탕으로 삼고 있다. 한편으로는 대중매체가 '과학적으로 옳은 것을 보도한다'고 말하며 호의적으로 평가하는 사람들도 있다. 어느 쪽이든 개인적인 직감에 기반을 두고 있는 편견이 개입된 사고에 해당된다(吉川肇子·山本明·大坪寬子, 2001).

대중매체가 리스크만을 보도한다는 것은 진실이 아니다. 리스크 보도에 대해 그 내용과 횟수를 분석한 윌리엄 프로이덴부르크William Freudenburg 외 학자들은 미디어가 리스크를 과장하고 반反과학기술적인 태도를 나타낸다는 리스크 전문가의 견해는 실제적인 데이터에 반하는 주장이라고 밝힌 바 있다(Freudenburg et al., 1996).

린 프루어Lynn Frewer 외 학자들은 대중매체는 단독으로 사회적 증폭기 역할을 할 수 없다고 주장했으며 차라리 대중매체가 다른 요인과 어떤 방식으로 결합할 경우에 영향력이 생기는지를 검토할 필요가 있다고 덧붙였다 (Frewer et al., 2002).

지금까지 리스크 커뮤니케이션의 검토는 대중매체의 영향력에 대한 평가에 초점을 맞춰 진행되었다. 하지만 최근 들어 대중매체가 해야 할 역할에 대해 흥미로운 의론이 다뤄지고 있다는 사실에 주목할 필요가 있다.

이와 관련해 일본에서 자주 언급되는 것이 도코로자와所澤의 다이옥신Dioxin 보도 사건이다. 이 사건은 보도의 부정확성에 대해 행정 관청과 피해를 입은 농가가 소송을 제기해 주목받은 사례다. 결과적으로는 대중매체가 패소했으나 세계적으로 동종의 재판에서 대중매체가 패소한 사례를 필자는 알지 못한다. 예컨대 1989년 CBS가 사과에 도포된 에일러Alar라는 농약의 발암 가능성에 대해 보도한 일을 계기로 사람들 사이에 에일러 공포가 확산되자 농가가 CBS를 상대로 소송을 제기했으나 패소했다. 광우병 문제에서도 한 TV 프로그램 진행자가 방송 중에 햄버거를 먹지 않겠다고 선언한 일을 문제 삼아 텍사스 쇠고기 협회가 소송을 제기했으나 이것 역시 패소했다.

하워드 쿤로이더Howard Kunreuther와 폴 슬로빅은 "틀렸다고 증명되지 않는한 (언론은) 수호되어야 한다"는, 에일러 재판에서 판사가 한 말을 인용하고 있다(Kunreuther and Slovic, 2001). 이 같은 판단의 배경에는 뉴스 보도에서 주제와 관련된 문제점을 지적하는 부분은 시청자에게 중요한 정보가 되는 만큼 공표를 하지 말아야 할 이유가 없다는 논리가 존재한다. 이 같은 논리는 리스크에 대해 사람들의 알 권리를 중시하는 리스크 커뮤니케이션의 사고방식과 비슷하다.

언급한 바와 같이 많은 사건이 실제로 대중매체가 패소하는 결과로 귀결되지는 않았다. 그럼에도 이들이 제소를 우려해 리스크 보도를 많이 삼간다는 지적이 있다. 이것이 사회적으로 좋은 현상인지에 관해서는 장기적인 영향에 대한 의론이 존재한다는 사실을 필자는 지적하고 싶다.

우리는 많은 리스크를 직접 체험할 수 없다. 많은 정보를 수집하거나 음미하는 일도 불가능하다. 따라서 리스크 정보를 얻기 위해서는 대부분의 경우 대중매체에 의존할 수밖에 없다. 그런 까닭에 리스크 커뮤니케이션에서 대중매체가 수행하는 역할은 크다. 우리는 대중매체의 문제점을 지적하는 데 그치는 것이 아니라 이들을 중요한 관계자로 인식해 건설적인 의론을 함께 형성해야 한다.

7. 리스크 커뮤니케이션의 앞날

일본에서 리스크 커뮤니케이션이라는 용어가 사용되기 시작한 지 십 년 정도가 지났을까? 짧은 시간임에도 우리 사회에 이 같은 사고를 기반으로 하는 제도가 적지 않게 도입되었다. 이를테면 앞에서 언급한 '사전 동의'나 '제조물책임법'은 이미 옛날 사례가 되었고 최근 사례로는 2001년에 제정된 화학물질 배출량 파악을 위한 '화학물질배출 파악관리 촉진제도(이른바 PRTR 제도)'와 수방법 개정에 의한 '홍수 위험 지도' 작성·공표의 의무화

(2005년에 대상에 포함되는 하천이 확대되었으며 '토사 재해 위험 지도'를 작성하고 배포하는 일도 의무화되었다) 등을 들 수 있다. 전체적인 사회 차원에서 리스크 정보가 공유되고 활용되는 것은 장기적으로 보아 리스크 저감에 도움이 된다.

현실적으로 '리스크 커뮤니케이션이 구체적으로 무엇을 하는 것인가?'라는 의문을 제기하는 사람이 여전히 많다. 리스크 커뮤니케이션에서 일반인의 주체적인 참여가 중요하다는 것을 알면서도 주민참여 설명회나 홍보 방식 재검토 등과 같은 정보 제공에 중점을 두는 경우가 많기 때문이다.

주민참여형 방법으로는 지역 주민이 정기적으로 만나 리스크 문제에 대해 토의하는 주민협의회CAP: Community Advisory Panel나 시민 대표가 전문가와 새로운 과학기술에 대해 대화하는 컨센서스 회의 같은 새로운 기법이 시도되고 있다. 하지만 이들 기법에는 효율적이면 효과의 면에서, 효과적이면 효율 면에서 각각 단점이 존재한다고 지적된다(Rowe and Frewer, 2000). 물론 모든 면에서 뛰어난 단 하나의 정답은 없을지도 모르지만 최선을 위한 새로운 기법은 계속해서 모색되고 있다.

지금까지는 많은 리스크 문제를 해결하기 위해 과학기술을 이용하는 기술적인 방식과 법·제도의 변경을 통하는 사회적인 방식이 주로 논해졌다. 물론 두 방식 모두 없어서는 안 되지만 이들만으로 충분하지는 않다. 사회에는 다양한 사람들이 있으며 따라서 가치관이나 사고방식 또한 다양하다. 그러한 사람들을 서로 연결해 사회를 변화시켜가는 사고방식으로서 리스크 커뮤니케이션은 향후 리스크 문제를 해결하는 중요한 방책이 될 것이다. 당장은 구체적인 방법과 관련해서 혼란이 발생할 수 있으며 사람들의 이해가 더딜 수도 있지만 장래를 위해서 사회 전체적으로 착실히 학습해나가야만 한다.

일본 사회에 리스크 커뮤니케이션이라는 용어가 도입되었는지 또는 정착되고 있는지에 대해서 필자는 확신하지 못한다. 하지만 리스크 커뮤니케이션적인 사고방식은 이를 '리스크 커뮤니케이션'이라고 부르는 것과는 상관없이 이미 우리 사회에 다양한 형태로 실현되고 있으며 사회적으로 지지를 얻고 있다고 필자는 확신한다.

참고문헌

吉川肇子. 1999. 『リスク・コミュニケーション: 相互理解とよりよい意思決定をめざして』. 福村出版.

吉川肇子・山本明・大坪寬子. 2001. 「リスク・コミュニケーションにおけるマス・メディア」. ≪日本リスク研究學會誌≫, 13号, pp. 27~33.

木下富雄・吉川肇子. 1989. 「リスク・コミュニケーションの效果(1)」. ≪日本社會心理學會第36回大会発表論文集≫, pp. 109~110.

小杉素子・土屋智子. 2000. 「科學技術のリスク認知に及ぼす情報環境の影響: 專門家による情報提供の課題」. 『電力中央研究所報告』. 研究報告: Y00009.

中谷內一也. 2006. 『リスクのモノサシ: 安全・安心生活はありうるか』. 日本放送出版協會.

山本明・大坪寬子・吉川肇子. 2004. 「リスクおよび関連概念における定義の不一致に見る論点」. ≪日本リスク研究學會誌≫, 15卷, 1号, pp. 45~53.

Bennett, Peter. 1999. "Understanding responses to risk: Some basic findings." in Peter Bennett and Kenneth Calman(eds.). *Risk Communication and Public Health*. Oxford University Press.

European Environment Agency. 2001. "Late lessons from early warnings: the precautionary principle 1896~2000".

Fischhoff, Baruch. 1995. "Risk perception and communication unplugged: Twenty years of process." *Risk Analysis*, Vol.15, No.2, pp. 137~145.

Freudenburg, William, Cynthia-Lou Coleman, James Gonzales and Catherine Helgeland. 1996. "Media coverage of hazard events: Analyzing the assumptions." *Risk Analysis*, Vol.16, No.1, pp. 31~42.

Frewer, Lynn, Susan Miles and Roy Marsh. 2002. "The media and genetically modified foods: Evidence in support of social amplification of risk." *Risk Analysis*, Vol.22, No.4, pp. 701~711.

Kasperson, Roger, Ortwin Renn, Paul Slovic, Halina Brown, Jacque Emel, Robert Goble, Jeanne Kasperson and Samuel Rtick. 1988. "The Social amplification of risk: A conceptual framework." *Risk Analysis*, Vol.8, No.2, pp. 177~187.

Kasperson, Roger and Pieter Stallen. 1991. "Risk communication: The evolution of attempts." in Roger Kasperson and Pieter Stallen(eds.). *Communicating Risks to the Public*. Kluwer Academic Publishers.

Kunreuther, Howard and Paul Slovic. 2001. "Coping with stigma: Challenges and Opportunities." in James Flynn, Paul Sovic and Howard Kunreuther(eds.). *Risk,* media, and stigma: Understanding public challenges to modern science and technology. London: Earthscan Publications.

Leventhal, Howard. 1970. "Findings and theory in the study of fear communications." in Leonard Berkowitz(ed.). Advances in Experimental Social Psychology. Academic Press, Vol.5, pp. 119~186.

Lichtenberg, Judith and Douglas MacLean. 1991. "The role of media in risk communication." in Roger Kasperson and Pieter Jan Stallen(eds.). Communicating risk to the public. Klewer Academic Press.

Mertz, C. K., Paul Slovic and Iain Purchase. 1998. "Judgments of Chemical Risks: Comparisons Among Senior Managers, Toxicologists, and the Public." Risk Analysis, Vol.18, No.4, pp. 391~404.

National Research Council. 1989. Improving risk communication. Washington, DC: National Academy Press.

Nickerson, Raymond. 2003. "Cost-Benefit and Trade-off Analysis." in Raymond Nickerson. Psychology and Environmental Change. Mahwah, New Jersey: LEA.

Powell, Douglas and William Leiss. 1997. Mad cows and mother's milk: The perils of poor risk communication. Quebec: McGill-Queen's University Press.

Renn, Ortwin and Debra Levine. 1991. "Credibility and trust in risk communication." in Roger Kasperson and Pieter Jan Stallen(eds.). Communicating risks to the public. Kluwer Academic Publishers.

Rowe, Gene and Lynn Frewer. 2000. "Public Participation Methods: A Framework for Evaluation." Science, Technology & Human Values, Vol.25, No.1, pp. 3~29.

Slovic, Paul, Baruch Fischhoff and Sarah Lichtenstein. 1980. "Informing people about risk." in Louis Morris, Michael Mazis and Ivan Barofsky(eds.). Product labeling and health risks. Cold Spring Harbor Laboratory, Banbury Report 6, pp. 165~181.

Stallen, Pieter Jan and Rob Coppock. 1987. "About risk communication and risky communication." Risk Analysis, Vol.7, No.4, pp. 413~414.

Thibaut, John and Laurens Walker. 1975. Procedural justice: A psychological analysis. Hillsdale, New Jersey: Erlbaum.

Weinstein, Neil. 1980. "Unrealistic optimism about future life events." Journal of Personality and Social Psychology, Vol.39, No.5, pp. 806~820.

3·11 이후의 리스크학을 위해
— 3·11 이후의 사회와 리스크 대응

이마다 다카도시今田高俊

3·11 동일본 대진재에 수반된 후쿠시마 제1원전 사고를 계기로 우리는 오늘날의 사회가 리스크 사회라는 사실을 더욱 실감하게 되었다. 원전 사고에 따른 방사능 대량 유출과 피폭은 리스크 사회를 상징하는 사건이다. 이 사고는 단순히 신체의 피폭에 그치지 않고 사람들의 불안감을 증폭하고 평온한 생활을 망가뜨리는 마음의 피폭까지 가져왔다. 사고 후 대응 과정에서 이루어진 일본 정부의 정보 은폐나 '짬짜미'는 국민의 불신과 루머에 따른 불안을 증폭하는 사태를 초래했다. 다시 말해 원전에 대한 '안전 신화'가 크게 흔들렸다. 종장에서는 후쿠시마 제1원전 사고와 그 대응에 관해 간략히 짚어보면서 문제점을 적출하고 이를 바탕으로 리스크에 대응할 수 있는 사회를 만들기 위한 과제를 소묘素描해본다.

1. '상정 외想定外'의 사고?

일본이 보유한 원전은 2013년 현재 총 54기(2012년 말 시점에 가동 중인 것은 2기)다. 이들은 모두 해안에 건설되어 바다를 마주하고 있는데, 이는 바닷물을 냉각 용수로 쓰는 유형의 원자로를 사용하기 때문이다. 냉각에 사용된 물은 온도가 상승하고, 그렇게 따뜻해진 물은 바다에 방출된다. 여기에 방사능이 포함되어 있지 않으면 문제될 것은 없다. 하지만 노심 용융 같은 대형 사고가 일어날 경우 문제는 심각해진다. 방사능에 오염된 대량의 물이 그대로 바다에 유출되기 때문이다.

후쿠시마 제1원전은 태평양 연안에 있기 때문에 지진해일에 의한 참사를 겪을 수밖에 없다. 본래 일본은 유명한 지진 대국으로 원전 건설이 적합하지 않은 나라다. 지진학 연구에 따르면 지진이나 지각변동이 자주 발생하는 것은 일본에 많은 활성 단층이 존재하기 때문이다. 더 나아가 이시바시 가츠히코石橋克彦(고베대학 명예교수)는, 일본에서는 활성 단층이 없는 곳에서도 강도 7 수준의 대형 지진이 발생할 수 있다고 주장했다.

활성 단층이란 최근 지질시대(연구자에 따르면 수십만~200만 년 동안)에서 대지진이 발생할 때마다 같은 방향으로 지표면이 여러 번 갈라져 지형地形이나 지층이 선상線狀을 형성한 것이다. 활성 단층이 뚜렷한 상태일 경우 그 지하의 넓은 범위에서 장차 대지진이 일어날 가능성이 높다. 그러나 진원의 단층면이 깊고 지표면에 금이 간 암석이 별로 없는 경우, 대지진이 드물게 발생해 지표면에 금이 누적되지 않은 경우에는 지하에 대지진의 진원이 존재해도 활성 단층이 만들어지지 않는다. 즉, 활성 단층이 없더라도 대지진이 일어날 수 있다(石橋克彦, 1997).

실례로 1943년 돗토리鳥取 지진(강도 7.2, 사망자 1083명), 1948년 후쿠이福井 지진(강도 7.1, 사망자 3769명) 등을 들 수 있다. 이시바시 가츠히코의 논문은 1997년에 발표되었는데, 시기상 그 후인 2000년에 활성 단층이 없는 곳(돗토리 현 서부)에서 강도 7.3의 지진이 일어나 그의 가설을 증명했다. 그는 "원전 진재震災"라는 단어를 통해 일본에 원전을 건설하는 일의 위험성에 대해 경종을 울렸다. 원전 진재란 "지진에 의해 대규모 원전 사고가 일어나고 그 결과 대량의 방사능이 유출되어 통상의 진재와 방사능 재해가 복합·증폭되는, 지금껏 인류가 경험해보지 못한 파국적 재해"[1]를 말한다.

활성 단층이 없는 곳에 원전을 건설하더라도 대지진이 일어날 가능성은 충분히 있다. 더 나아가 원전 대부분이 해안선을 따라 위치하기 때문에 지진해일이라는 리스크도 안고 있다. 후쿠시마 제1원전의 경우 지진해일의 최고치를 5.7미터로 상정했으나 실제로는 14미터를 초과했다. 최고치를 5.7미터로 상정한 과학적인 근거는 별론으로 다루더라도 사고와 관련해 실세한 치명적이고 인위적인 잘못은 지적하지 않을 수 없다. 이것은 발전소가 상정 외 높이의 지진해일에 엄습당한 이후 모든 원전이 기능 상실 상태에 빠진 사실과 관련된다. 오랫동안 원전 문제와 씨름해온 하세가와 고이치長谷川公一는 그 사태를 다음과 같이 기술했다.

…… 지진으로 인해 원전에 전력을 공급하고 있던 송전선 철탑 1기가 무너져 1~6호기의 외부 전원이 모두 차단되었다. 이에 지하에 있던 비상용 디젤 발전기가 자동적으로 가동되었다. 하지만 약 1시간 후인 오후 3시 20분경에 엄청난 지진해일이 후쿠시마 제1원전을 강타했으며 결국 원전이 물에 잠겨 1~4호기의 모든 비상용 디젤 발전기가 정지되어버렸다(長谷川公一, 2011).

---

1   石橋克彦, 「福島原發震災」(の彼方に). 2011년 4월 26일 참의원 의원회관에서 개최된 긴급 원내총회의 발표문에서.

남은 일은 배터리를 이용해 물을 쏟아붓는 작업이었다. 하지만 노 안을 냉각하는 것이 불안해졌고 결국 수면 아래에 잠겨 있던 연료봉이 노출되었다. 마침내 대량의 수소가 발생하려고 하자 강제 배기를 실시했으나 그런 노력도 소용없이 3월 14일에 수소 폭발이 일어났다. 대량의 방사성 물질이 외부로 방출되었고 이것은 대기의 흐름을 타고 관동 일원에 흩어졌다. 평이했던 일상생활은 순식간에 달라졌다. 사람들은 눈에 보이지 않고 냄새도 맡을 수 없는 방사능 공포에 떨게 되었다. 후쿠시마를 중심으로 동일본과 수도권에서는 사람들이 음료수, 야채, 수산물, 우유, 쇠고기 등 식료품의 방사능 오염 리스크를 걱정하기 시작했다. 임산부나 영유아가 있는 가정에서는 안전을 확보하기 위해 많은 시간을 할애하며 살게 되었다. 지진, 지진해일, 방사능이라는 트리플 재해에 엄습당한 동북쪽 세 현의 연안부에 살고 있던 사람들의 고통은 미루어 짐작할 수 있다. 2년이라는 시간이 지났음에도 방사능에 오염된 피해 지역과 그 주변부에서는 여전히 부흥을 위한 힘찬 망치 소리가 들리지 않는다.

이상이 후쿠시마 제1원전 사고에 대한 개괄이다. 이 사고의 핵심은 지진과 지진해일이 대형 사고의 전부가 아니라는 점이다. 자연재해인 지진과 지진해일은 손쓸 도리가 없는 일로 치부하더라도 최대 문제는 지하에 있는 비상용 디젤 발전기가 지진해일에 침수된 이후 기능 불능 상태에 빠졌다는 사실이다. 원전이 해안을 따라 있음에도 비상용 디젤 발전기 대부분은 무슨 이유로 건물 지하에 설치되었을까? 그 이유는 일본이 미국의 알선에 따라 미국식 설계(GE사가 만든 원자력발전기)를 채용한 데서 찾을 수 있다. 미국은 원전을 스리마일 섬 같은 내륙부에 설치한다.[2] 일본 사정을 고려하면

---

2   일본 책임자는 비상용 디젤 발전기를 지하가 아니라 상정된 지진해일 높이인 해발 5.7미터 높이의 건물에 배치해야 한다는 사실을 이해하고 있었던 것으로 추측된다. 그러나 당

당연히 지상의 높은 곳에 비상용 디젤 발전기를 설치해야 한다. 그러나 이처럼 어린아이도 이해할 수 있을 만한 일은 실현되지 않았다. 이것은 명백히 인위적인 잘못이다. 이로 인해 후쿠시마 제1원전의 리스크가 높아졌다. 이 사고에서 얻을 수 있는 교훈은 다음과 같다. 즉, 대수롭지 않은 인위적인 잘못이 체계적으로 상호작용해 파국적인 사고를 일으킬 수 있다.

찰스 페로Charles Perrow는 미국 스리마일 섬 원전 사고를 계기로 이를테면 원전이나 석유화학 플랜트 등에서 발생하는 특정한 사고의 책임을 특정 인물이나 기기機器 고장에 돌릴 수 없게 되었다고 지적한다. 그리고 오늘날 거대 기술은 비선형적인 복잡성complexity과 다양한 요소의 결합을 토대로 하기 때문에 사전에 특별히 지적할 만한 문제가 없더라도 사고가 아주 흔하게 일어날 수 있다는 점을 규명하면서 이를 정상적인 사고normal accidents 또는 시스템 사고라고 불렀다. 오늘날의 사고는 조직적으로 연관해 발생하고 있으며 따라서 개별적인 안정성에 주의를 기울이는 노력만으로는 한계가 있다. 즉, 부분에 대한 안전 대책을 실시하더라도 각각에서 대수롭지 않은 혼란이 동기화同期化할 경우 파국적인 사고가 일어날 수 있다.

2. '안전신화'의 동요

과학기술에 '제로 리스크'를 요구하는 일은 불가능하다. 그 이유로 다음 두 가지를 들 수 있다.[3]

시 대미 원전 기술에 대한 일본의 의존도가 높아 미국식 설계가 강행되었다고 한다.
3   이 절에서의 의론은 西山昇·今田高俊(2012)에 의거하고 있다. 니시야마 노보루(西山昇) 씨가 본문과 같은 형태로 게재하는 것을 승낙해주신 것을 감사드린다.

첫째, 기술상의 한계다. '절대로 사고를 일으키지 않을' 기계나 설비를 만들어내는 일은 불가능하다. 설사 그것이 가능하더라도 리스크를 제로로 만드는 일은 가능하지 않다. 현 시점에 안전이 확보되었다고 해도 이 상태가 장래에도 계속될 것이라고 보증할 수는 없다. 이는 앞에서 검토한 찰스 페로의 정상定常사고론에 비춰봐도 명백한 사실이다. 다시 말해 사고는 발생하는 것이 일반적이다. 제로 리스크를 목표로 안전을 추구하는 일은 중요하다. 하지만 사고는 언제나 일어나기 때문에 사고는 발생하는 것이 일반적이라는 마음가짐으로 리스크 관리 체제를 정비하는 일이 필요하다.

둘째, 사회적인 비용 문제다. 리스크를 한없이 저감하기 위해 필요한 한계비용은 리스크 감소와 더불어 증대한다. 리스크를 제로까지 저감하는 일은 수많은 다른 리스크에 대응하기 위한 비용을 희생해야 한다. 이는 사회 전체적인 리스크 대응력을 저하하는 결과를 가져온다. 오늘날에는 리스크를 정의하기 위해 손해를 입을 확률과 손해의 정도를 곱셈하는 사고방식을 채택하고 있다. 일반적으로 손해의 정도를 감소하는 방법(사람들의 위험 노출을 감소하는 것)과 손해를 입을 확률을 감소하는 방법(대응 능력을 증대하는 것)을 통해 리스크를 관리하기 때문이다.

이러한 리스크 대응 방식에는 여전히 고민할 부분이 존재한다. 이것은 리스크를 정의하는 방식과 관련한다. 리스크를 정의하는 데는 확률을 이용한다. 이로 인해 리스크 발생 정도가 문제의 핵심으로 떠올랐다. 그 결과 발생 확률이 낮은 리스크 또는 비용 대비 효과가 낮은 리스크에 대해서는 대응을 소홀히 하거나 아예 대응을 하지 않게 되었다. 하지만 안전을 요구하는 국민의 신경을 자극해 반발을 살 우려가 있기 때문에 관리 당국은 '제로 리스크는 없다'라는 주장을 하기 어렵다. 일본처럼 안전(제로 리스크) 지향성이 강한 국민성을 가진 나라에서는 더욱 그렇다.

후쿠시마 제1원전 사고를 계기로 원전에 대한 안전신화는 크게 흔들린

상태다. 일본에는 원전 건설을 위해 원전 안전성을 강조하는 과학자 집단(이른바 '원자력 동네'의 구성원)이 존재한다. 이들이 기업, 정부와 손을 잡고 안전신화를 만들어왔다. 이들은 원전 리스크는 없다는 계몽 활동을 펼쳤고, 그 결과 일본 국민의 마음에 '제로 리스크에 대한 기대'가 형성되었다.

　정부나 기업은 '제로 리스크에 대한 기대'에 부응하는 정보를 우선적으로 제공했다. 국민들은 이들이 국민의 이익을 진지하게 고려해 정보를 제공한다고 생각했다. 그러나 실제로 이들은 국민들에게 원전의 안전성을 강조하기 위해 리스크 수준을 자세히 설명하지 않는 경향이 있었다. 루머로 인한 피해 발생 또한 우려해 안전·안심이라는 대의명분을 높이 내세울 수밖에 없었다. 사실상 리스크를 제로화하는 일은 불가능하기 때문에 안 좋은 정보는 은닉한다(사람들이 알지 못하게 된다). 예컨대 국민들이 전문가에게 '괜찮습니까?'라고 물을 때 기대하는 것은 '중대 사고는 일어나지 않으니 안심해도 됩니다'라는 대답이나, 대중매체 역시 루머에 의한 피해가 발생할 우려가 있는 보도에 대해서는 신중을 기했다. 이렇게 제로 리스크에 대한 기대에 부응하기 위해 전문가와 정부가 리스크에 대한 적확한 정보를 제공하지 않는 상황이 계속되었다. 그 결과 원전에 대한 '왜곡된 안전신화'가 형성되었다. 신화란 확실한 증거나 실체가 없음에도 사람들이 두려워하는 생각을 가지고 마음속으로 깊이 믿어온 것을 뜻한다. 하지만 그 실체가 밝혀지고 신뢰가 사라지면 신화는 붕괴한다.

　국민들의 생각이 안전신화에 의해 통제되고 있는 상황에서 이들의 기대를 무너뜨릴 만한 정보가 제공될 경우 불신은 증폭된다. 예컨대 후쿠시마 제1원전 사고에 대처하고 있던 당시의 관방장관이 "곧바로 건강에 영향을 미칠 수준은 아니다"라는 말을 했는데 그 말은 반드시 안전한 상황은 아니라는 뜻을 에둘러 표현한 것으로 국민들에게 받아들여져 의심과 공포가 확산되었다. 이것은 정부의 사고 대처에 관한 불신을 키웠다. 이 같은 불신을 불식하기 위해 정부나 기업은 사람들이 안전하다고 느낄 수 있을 만한 정보를 위주로 전달하기 시작한다. 하지만 안전신화가 작용하던 상황에서 일단 신뢰가 무너져버리면 불신은 걷잡을 수 없이 증폭한다. 특히 특정 방향으로 결론을 유도하는 정보 조작이 발각되면 당국에 대한 불신을 불식하는 일은 아주 어려워진다.

이상과 같은 의론을 뒷받침하는 증거가 많지는 않으나 NHK 방송문화연구소가 실시한 「원전과 에너지에 관한 의식조사」는 참고할 만하다. 후쿠시마 원전 사고에 대한 여론조사 결과는 종전의 여타 사고를 대상으로 진행된 여론조사 결과와는 다른 특징을 보이고 있다. 통상적으로는 원전 사고가 발생하더라도 일정 기간이 경과하면 사고에 관한 여론조사 결과 수치는 사고 발생 이전의 수준으로 돌아가는 경향이 있다. 다시 말해 종전까지 원전 사고 이후에 진행된 원전에 대한 불안·공포감을 대상으로 한 여론조사를 살펴보면 그 수치가 사고 이후 1년 정도 기간이 지나자 사고 이전의 본래 수준으로 돌아가는 경향을 보였다(下岡浩, 2007).[4] 후쿠시마 원전 사고에 대한 NHK 여론조사에서 이용할 수 있는 질문 항목은 '원전 관리에 대한 신뢰'와 '원전에 대한 불안감'이다. 조사 결과를 살펴보면 약 1년 정도 경과한 시점에서 진행된 조사에서도 신뢰나 불안감 항목이 뚜렷한 감소 기미를 나타내고 있지 않다.

〈표 1〉은 '당신은 국가의 원전 안전 관리를 어느 정도 신뢰하십니까?'라는 질문에 대한 회답 결과다. 특징적인 점은 2011년 6월 조사에서 '신뢰하지 않는다'('전혀 신뢰하지 않는다'와 '그다지 신뢰하지 않는다'의 합)'의 수치가

---

4 이 자료는 '대규모 사건·사고 직후에는 불안감이 늘지만 시간이 흐르면서 사고 이전의 본래 상태로 돌아간다', '불안감을 지니고 있지만 원전이 유용하기 때문에 이용성을 인정한다'라는 특징을 보여준다.

<표 1> 국가의 원자력발전소 안전 관리에 대한 국민들의 신뢰

단위: %

회답 항목	조사 날짜			
	2011/6	2011/8	2011/10	2012/3
전혀 신뢰하지 않는다	21.7	24.5	21.6	22.4
그다지 신뢰하지 않는다	48.7	48.3	47.7	49.1
어느 정도 신뢰한다	24.2	21.0	23.3	25.0
대체로 신뢰한다	2.9	2.6	2.9	1.7
모르겠다/무응답	2.5	3.5	4.5	1.8
계	100.0%	99.9%	100.0%	100.0%

주: 반올림값이기 때문에 합계가 반드시 100.0%는 아니다.
자료: NHK 방송문화연구소(2012), 「사회 및 정치에 관한 여론조사」(http://www.nhk.or.jp/-
bunken/yoron/social/index.html, 2012년 12월 30일 검색).

70.4%였는데 8월 조사에서는 72.8%로 상승했다는 것, 특히 '전혀 신뢰하
지 않는다'의 수치가 2.8%포인트 상승(21.7% → 24.5%)했다는 것이다. '신
뢰하지 않는다'의 수치는 10월 조사에서 69.3%로 약간 감소했지만 2012년
3월 조사에서는 71.5%로 다시 증가하고 있다. 즉, 전체적으로 70% 정도의
수준을 유지하고 있다.

8월 조사 결과가 72.8%로 가장 높은 수치를 나타낸 이유는 6월 26일 TV
에서 규슈九州 전력이 사가佐賀 현 주민을 대상으로 실시한 설명회를 내용으
로 한 〈겐카이玄海 원자력발전소 안전 대책 긴급 현민 설명회〉가 보도된 것
과 관련이 있다. 이는 규슈전력이 관계회사 직원들에게 운전 재개를 지지
하는 내용의 이메일을 방송국에 투고하도록 지시한 사실이 7월에 밝혀지
고, 그와 관련된 '짬짜미'가 도처에서 행해진 것이 아닌가 하는 의심이 확산
되었기 때문으로 생각된다.

같은 NHK가 실시한 여론조사 '당신은 후쿠시마 제1원전 이외의 원전에
서도 주민이 피난할 정도의 사고가 발생할 가능성에 대해서 불안을 어느

<표 2> 원자력 발전에 대한 불안감

단위: %

회답 항목	조사 날짜			
	2011/6	2011/8	2011/10	2012/3
크게 느낀다	51.3	46.4	48.7	49.7
어느 정도 느낀다	38.7	39.4	37.1	40.9
별로 느끼지 못한다	7.3	10	9.2	6.9
전혀 못 느낀다	0.9	1.1	1.4	0.9
잘 모르겠다/무응답	1.9	3.1	3.5	11.6
계	100.1%	100.0%	99.9%	100.0%

주: 반올림값이기 때문에 합계가 반드시 100.0%는 아니다.
자료: NHK 방송문화연구소(2012), 「사회 및 정치에 관한 여론조사」(http://www.nhk.or.jp/-
bunken/yoron/social/index.html, 2012년 12월 30일 검색).

정도 느끼고 있습니까?[5]에 대한 회답 추이는 어떨까(〈표 2〉). 조사 결과를
살펴보면 '불안을 느낀다('크게 느낀다'와 '어느 정도 느낀다'를 합한 것)'의 수
치가 각각 90.0%(6월 조사), 85.8%(8월 조사), 85.8%(10월 조사), 90.6%(3월
조사)로 집계되었다. 2012년 3월 조사에서는 질문의 문안이 약간 변경되어
정확하게 비교하는 것은 불가능하나 질문의 취지가 같기 때문에 크게 문제
되지는 않을 것이다. 2011년 6월 조사에서 집계된 '불안감을 크게 느낀다
(51.3%)'의 수치가 7월에 가서 4.9%포인트 저하된(46.4%) 이유는 무더위 속
에서 절전에 따른 고통을 겪은 것이 영향을 미친 것으로 추측할 수 있다.
이후 조직적인 정보 왜곡이 점차 사실로 드러나면서 여론조사에서도 그 수
치가 다시 증가 추세로 바뀌었다.

지금까지 전개한 내용을 전제로 하면 원전의 안전신화는 크게 흔들린

---

5 마지막 조사(2012년 3월)에서는 질문의 문안이 약간 달라졌다. 즉, "당신은 원자력발전
소에서 주민에게 영향을 미칠 만한 사고가 발생할 가능성에 대해 불안을 느낍니까, 느끼
지 않습니까?"로 변경되었다.

상태라고 해석할 수 있다. 일본 국민들은 안전신화 속에서 살아왔기 때문에 고도화된 기술 시스템에 대한 리스크 리터러시risk literacy를 함양할 수 없었다. 신화는 이성적인 사고를 잠재운다. 하지만 후쿠시마 제1원전 사고를 계기로 국민들 가운데 안전신화의 잠에서 깨어난 사람이 많아졌을 것이라고 생각한다. 이들에게 진정 필요한 것은 이성을 잠들게 하는 안전신화가 아니라 리스크 리터러시다.

3. 핵 쓰레기: 원전의 또 다른 문제

원전 사고와 관련해 핵 쓰레기라고 하는 또 다른 원전 문제에 대해서 사회적인 관심이 높아졌다. 핵 쓰레기란 원자력발전 가동 이후에 발생하는 핵연료를 포함한 고준위 방사성폐기물을 말한다. 일본에서는 핵연료 순환 정책을 채택하고 있다. 따라서 사용된 핵연료에서 플루토늄Plutonium과 우라늄Uranium을 분리·회수하고, 그 후에 남게 되는 액체 상태의 고준위 방사성폐기물에 유리를 섞어 고체 상태로 만든 다음 이를 폐기하고 있다. 이런 방식으로 처리(재처리)하지 않고 사용된 연료를 그대로 처분하는 경우 그 자체가 고준위 방사성폐기물이 된다.

일본에서는 후쿠시마 제1원전 사고를 계기로 계속해서 원전에 의존하는 사회로 남을 것인지, 아니면 원전을 탈피한 사회로 갈 것인지와 관련해서 여론이 양분되었다. 어느 쪽을 선택한다고 해도 이미 상당량 쌓여 있는 핵 쓰레기를 어딘가에 처분해야 하는 진퇴양난의 난제를 가지고 있다.[6] 일

---

6 고준위 방사성폐기물 처리 문제는 일본뿐만 아니라 원전을 가진 모든 국가가 안고 있는 문제다. 지금까지 해양 투기 처분, 우주 공간 투기 처분 등 여러 방법이 논해졌는데 현재

본이 이 같은 상황에 놓이게 된 배경에는 약 40년 전 방사성폐기물의 처분장이나 처리 방법을 결정하지 않은 채 원전을 가동하기 시작한 경위가 있다. 즉, 쓰레기 상자가 없음에도 쓰레기를 계속 만들어내는 상황이 40년 넘도록 계속되었다.

고준위 방사성폐기물은 계속 증가하고 있다. 2011년 12월 말 기준 아오모리青森 현 여섯 개 마을과 이바라키茨城 현 도카이東海 마을에 유리 고화체固化體 총 1780본이 보관되어 있다. 또한 같은 시점에 해외에 재처리를 위탁한 결과 발생한 유리 고화체 미반환분이 약 872본 존재하며 그 밖에 약 2만 4700본 정도의 사용된 핵연료가 각지의 원전과 아오모리 현 여섯 개 마을의 재처리 공장에 보관되어 있다. 즉, 모두 합해 대략 2만 7000본의 핵 쓰레기가 있는 셈이다.

원전을 용인하든 그것의 폐지를 추구하든 간에 핵 쓰레기는 안전하게 처분되어야 한다. 사용된 연료를 재처리하는 과정에서 나오는 고준위 방사능을 포함한 폐액廢液은 20초 만에 사람을 죽음에 이르게 할 정도로 위험한 물질이다. 안전신화가 쉽게 형성된 결과로써 돌이킬 수 없는 결과가 일어날 수 있다.

고준위 방사성폐기물의 처분에 관해서는 2000년 '특정 방사성폐기물의 최종 처분에 관한 법률'이 제정되었다. 최종 처분은 지하 300미터 이상의 깊은 지층에 안전하고 확실한 방법으로 매설하게 되어 있다. 그럼에도 최종 처분장을 선정하기 위한 첫 단계라고 할 수 있는 문헌조사조차 착수하지 못하는 상황이 계속되고 있다. 문헌조사란 공개된 문헌 외의 자료(기록

는 지층 투기 처분이 가장 문제점이 적은 방법이라는 데 국제적으로 의견이 수렴하고 있다. 덧붙이자면 이 절의 의론은 日本學術會議(2012)를 토대로 하고 있다. 필자가 위원장직을 맡았던 고준위 방사성폐기물 처리 검토위원회의 보고서에 대해서는 日本學術會議(2012); 今田高俊·船橋晴俊(2012)을 참조하기 바란다.

문서, 학술 논문, 공중 사진, 지질도 등)를 바탕으로 향후 지진, 분화, 융기, 침식 등의 자연현상에 의해 지층의 현저한 변동이 일어날 가능성이 높지 않다고 평가하기 위한 조사를 말한다.

고준위 방사성폐기물의 지층 처분 문제는 천 년 또는 만 년 단위라는 초장기적인 오염 방지와 안전 확보를 요구한다. 따라서 이 문제를 다루기 위해서는 단순한 정보 제공과 좁은 의미에서의 설득 기술을 뛰어넘는 검토가 필요하다. 이를 위해서는 민주주의 원칙에 따라 주민, 전력회사, 지자체 관계자, 전문가 등 이해관계자들이 충분히 논의해 합의를 형성하고 이를 바탕으로 문제 해결의 길을 찾는 수밖에 없다.

핵 쓰레기의 지층 처분 방식이 가진 문제점은 대국적인 에너지 정책에 대한 사회적인 합의가 부재한 상황 속에서 처분장 선정을 위한 절차가 채택된 것과 관련이 있다. 지금까지 일본에서는 핵 쓰레기의 존재를 기정사실로 받아들인 후 그다음 순서로 이것의 처분을 위한 논의와 행동에 나서는, 즉 본말이 전도된 절차가 행해졌다. 또한 고준위 방사성폐기물 처분이 어려운 문제라는 이유로 총에너지에서 원자력발전이 차지하는 비율 설정에 관한 의론을 우선적으로 시작하자는 행태도 시도되었는데, 이것 역시 본말이 전도된 절차라고 할 수 있다. 이 비율에 대한 의론은 먼저 대국적인 에너지 정책 방향이 설정된 이후에 이루어져야 한다. 다시 말해 대국적인 에너지 정책에 대한 국민적인 합의가 우선되어야 하며 이에 따라 고준위 방사성폐기물의 관리(처분을 포함해)방식에 관한 방침을 굳히는 일이 선결적으로 진행되어야 한다.

원전에서 나오는 핵 쓰레기를 처리하는 일은 대단히 어려운 문제다. 님비 NIMBY: not in my background (다른 곳은 좋지만 우리 집 가까운 곳은 안 된다) 현상이 따라다니는 쓰레기 처리 문제의 어려움에 대해서는 많은 사람이 익히 알고 있다. 달리 생각해보면 핵 쓰레기도 생활폐기물이나 산업폐기물과 같다. 그리고 무엇보다 이미 존재하고 있는 현실이다. 따라서 이를 모든 국민이 합심해서 해결해야 하는 문제로 인식하고, 이러한 공통 인식을 기반으로 국민적인 의론을 전개해야 한다.

지층 처분 방식과 관련해서는 더 큰 문제가 존재한다. 즉, 현재의 과학적인 지식을 최대한 이용해도 이 방식의 리스크가 지나치게 높다는 것이다. 일본의 특정 지층이 천 년 또는 만 년 후, 경우에 따라서는 십만 년 후에도 안정적일 것이라고 확신할 수 없다. 과학적인 지식이 아무리 발전하더라도 지진이나 화산활동이 활발한 일본의 상황을 고려하면 십만 년 후의 상황에 대한 안정성을 예측하는 일은 불가능하다.

아직까지 원전 보유국 중에 처분장을 완성한 나라는 없다. 처분장 건설을 추진 중인 핀란드가 가장 선진적인 경우다. 핀란드는 원전이 있는 올킬루오토olkiluoto 섬 지하에 장기 핵연료 저장 시설을 구축하기로 결정했다. 2004년 공사가 시작되어 2020년 완공 예정인 이 시설은 굴窟을 의미하는 '온칼로'라고 명명되었다. 온칼로 처분장은 단단한 화강암 암반을 뚫어 조성된다. 이곳 지층은 향후 2억 년까지는 안정적일 것이라고 과학적으로 인정받았다. 그럼에도 사람들의 불안은 쉽게 해소되지 않고 있다.

2009년 덴마크 영화 감독 미샤엘 마센Michael Madsen이 〈10만 년 후의 안전〉이라는 제목의 다큐멘터리 영화를 제작했다. 이는 온칼로 시설의 관계자에게 고준위 방사성폐기물을 10만 년 동안이나 안전하게 관리하는 일이 가능하냐는 질문을 제기한 영화로 전 세계의 주목을 받았다. 10만 년 후에는 문자나 언어 체계가 크게 달라져 있을 것이고 문화도 현재와 같은 모습일 수 없다. 온칼로가 고준위 방사성폐기물 매설지라는 것을 어떻게 알릴 수 있을까? 아무것도 모르는 상태에서 사람들이 그곳을 고고학 조사 대상으로 삼아 발굴 작업에 들어가면 어찌할 것인가? 지금으로부터 1만 년 전이면 일본 역사에서는 조몬繩文 시대 초기에 해당한다. 10만 년은 그 열 배나 되는 기간이다. 일본이 어떤 모습을 하고 있을지 상상하기조차 어렵다. 따라서 진정 인류가 긴 시간 동안 방사성폐기물을 안전하게 관리할 수 있는지를 반성적으로 생각해봐야 한다.

온칼로는 핵 쓰레기의 지층 처분 방식의 본보기가 될 것으로 예상된다. '온칼로 기준' 같은 것이 만들어져 각국이 처분장을 설립할 지층을 선정하는 데 참고할 수 있다. 하지만 과연 일본에서 그러한 지층을 찾을 수 있을지는 아무래도 걱정스럽다.

핵 쓰레기 처분 문제와 관련해서 수익권受益圈(이익을 얻는 지역)과 수고권受苦圈(부담을 강요받는 지역)의 분리가 초래하는 문제에 대해서도 주목해야 한다.[7] 방사성폐기물을 한곳에 처분할 경우 수고권인 처분지에는 수익권인 다른 지역의 전력 소비에서 유래하는 대량의 핵 쓰레기가 반입된다. 지금까지 방사성폐기물 처분장의 최종 후보지가 된 지역은 모두 인구가 적은 주변부 지역이었다. 전력을 대량 소비하는 대도시는 후보에 오르지도 않았다. 주변 지역 입장에서 보면 수익권인 중심부에서 만들어낸 핵 쓰레기를 주변부가 짊어진다는 것은 불공평한 구조라고 비판할 수밖에 없다. 그들은 '진짜 안전하다면 수익이 큰 대도시에 설치하라'고 외친다.

이 같은 불공평을 해소하기 위해 '전원삼법電源三法' 교부금을 통해 편익을 공여하는 정책이 이용되었는데, 이제 이 방식은 더 이상 통하지 않는다. 입지 선정이 금전적 수단을 통해 유도하는 방식으로 이루어져서는 안 된다. 부담의 공평·불공평 문제에 대한 설득력 있는 대응책을 고안하고 과학

---

7 '수고권'이란 환경사회학에서 공해와 같은 악영향을 입는 범위(사람의 집단)를 가리킨다. 원전에 관해서는 '수익권'이란 원전에 의해 이익(전력 공급)을 얻는 범위를 가리키고, '수고권'이란 원전 사고의 리스크를 강요받는 범위를 가리킨다. 양자가 중첩되는 경우도 있다. 그러나 도쿄의 경우 후쿠시마 현에서 전력을 공급받고 있을 뿐이고 원전을 가지고 있지 않기 때문에 양자가 분리되어 있다고 볼 수 있다.

적인 지견을 반영한 정책 결정 절차가 필요하다.

입지 지역에 수익을 환원하는 정책으로는 안정된 지층을 위해 필요한 시설을 처분지에 병설하여 그곳에서 관계자가 업무를 보고 생활을 영위할 수 있도록 관련 시설을 설치하는 방법이 있다. 이를테면 안정된 지층이 방재상 유리하다는 조건에 따라 해당 지역에 전력회사 기능의 일부를 이전하거나, 정부의 주요 정보 보관 시설을 건설하거나 또는 원자력·방사성폐기물 처분과 관련된 대규모 연구시설을 유치할 수 있다. 이 밖에 다양한 연구를 통해 처분장 지역의 주민이 안심하고 생활할 수 있는 환경을 조성하는 것도 가능하다. 이 같은 다양한 방책이 시행된 이후에 금전적인 편익을 공여하는 일은 바람직하다고 할 수 있다. 그러나 시작 단계부터 금전적인 편익을 공여하는 수단을 이용해 입지 선정에 관한 동의를 얻으려고 하는 것은 바람직하지 못하다.

4. 맺음말

지금까지 3·11 이후 리스크 대응과 관련해 후쿠시마 제1원전 사고, 안전신화 붕괴, 고준위 방사성폐기물(핵 쓰레기)의 처분 문제에 대해서 생각해보았다. 마지막으로 여기서 얻을 수 있는 교훈을 정리해본다.

'사고'라는 말 앞에 '상정 외'라는 관형사를 덧붙여 마치 사고가 자연재해 때문에 발생한 것처럼 말하는 행태는 도리어 사고가 인재라는 사실을 가능한 한 은폐하려는 심사를 반영한다. 비상용 전원만 확보했더라면 우리가 경험한 대형 사고는 발생하지 않았을 수도 있다. 대지진과 지진해일은 확실히 자연재해다. 그러나 원전 사고는 소홀한 리스크 관리에 따른 인재라는 측면이 크다고 말할 수밖에 없다.

고高 리스크 기술인 원전에 대해 안전신화를 만들어온 현실에는 사회적인 맹점이 있다는 사실을 인식해야 한다. 경제적인 효율성과 안정적인 공급이라는 두 측면에서 원전 에너지는 화석연료 에너지나 재생 가능 에너지 등과 비교해 훨씬 우월하다. 반면 최대의 약점이 바로 안전성이다. 이 때문에 산·관·학産官學이 함께 안전신화를 만들었다. 이로 인해 일본 국민이 원전 리스크 리터러시를 함양할 기회를 놓쳤다고 해도 과언이 아니다. 안전신화가 이성을 잠들게 하도록 내버려두어서는 안 된다. 리스크에 대한 이해를 심화해 불확실성에 대처하는 능력을 높여야 한다.

나아가, 일본의 지질학적인 조건을 고려하면 핵 쓰레기의 지층 처분 방식에는 대단히 높은 리스크가 존재한다. 따라서 리스크 인식에 따른 정교하고 치밀한 대응이 필요하며 쉽게 안전신화에 빠져서는 안 된다. 이를 위해 먼저 원활한 리스크 커뮤니케이션을 확보하고 리스크에 대한 민주주의적인 숙의熟議가 이루어져야 한다. 이를 기반으로 사회 전체적인 차원에서 리스크 관계자 사이의 의사소통을 도모하고 철저한 토론을 통해 리스크 대책에 관한 합의를 형성해야 한다.

리스크 연구는 아직 걸음마 단계라고 할 수 있다. 따라서 리스크 관리, 리스크 리터러시, 리스크 커뮤니케이션 그리고 숙의에 따른 개념적·이론적인 정비를 서둘러야 한다. 안전신화의 속박에서 벗어나 불안한 상태로 아무것도 하지 않으면 다시 새로운 안전신화에 포박될 수 있다. 이 같은 위험을 피하기 위해서 우리는 리스크학을 체계적으로 정비해 기본적인 학문으로 삼아야 한다.

참고문헌

西山昇・今田高俊. 2012. 「ゼロリスク幻想と安全神話のゆらぎ: 東日本大震災と福島原子力發電所事故を通じた日本人のリスク意識の變化」. ≪View & Vision≫. 千葉商科大學, 34卷, pp. 57~64.

下岡浩. 2007. 「意識調査からみた原子力發展に對する國民意識」. ≪第35回原子力委員会≫, 3号 (http://www.aec.go.jp/jicst/NC/iinkai/teirei/siryo2007/siryo35/siryo35-3.pdf).

今田高俊・船橋晴俊. 2012. 「高レベル放射性廢棄物をめぐる新たる議論の枠組み: 日本學術會議からの提言」. 『科學』. 岩波書店, 82卷, 12号, pp. 1295~1300.

石橋克彦. 1997. 「原發震災: 破滅を避けるために」. ≪科學≫. 岩波書店, 67卷, 10号, pp. 720~724.

日本學術會議. 2012. 『回答: 高レベル放射性廢棄物の處分について』. 日本學術會議(http://www.scj.go.jp/ja/info/kohyo/pdf/kohyo-22-k159-1.pdf).

長谷川公一. 2011. 『脱原子力社會へ』. 岩波新書.

더 읽을거리

제1장

Beck, Ulrich. 1986. *Risikogesellschaft: Auf dem Weg in eine andere Moderne*. Suhrkamp Verlag.
리스크 사회론의 고전이라고 할 수 있는 책이다. 특히 제2부에서 가족과 직업 형태에 관한 선택지가 증대하는 상황이 오히려 리스크를 만들어내는 양상을 고찰한다.

Giddens, Anthony. 1991. *Modernity and Self Identity: Self and Society in the Late Modern Age*. Stanford University Press.
재귀성이 강화하는 근대 후기에서는 아이덴티티가 자동적으로 달성되지 않고 자기 책임으로 형성해야 한다. 이 책은 그 과정에서 존재론적 안심감이 어떻게 리스크에 노출되는지를 고찰한다.

제2장

佐藤学. 2000. 『「學び」から逃走する子どもたち』. 岩波ブックレット.
과잉 선전되고 있는 '교육 위기'의 이면에 더욱 심각한 위기가 침투하고 있다. 학생들이 '공부에서 도망가는 것'의 실태를 제시한 이 책은 리스크 사회 속의 교육 현실을 실감나게 묘사한다.

藤田英田. 2005. 『義務教育を問いなおす』. 筑摩書房.

국고부담의무교육 제도를 둘러싼 논쟁은 의무교육의 정통성을 둘러싼 논쟁으로 발전해 교육의 공공성에 위기를 초래하고 있다. 저자는 오늘날 학교에서 이루어지고 있는 과잉 개혁이 위기를 확대하고 있다고 주장하면서 의무교육의 본모습이 어떠해야 하는지를 묻는다.

岩川直樹·伊田廣行 編. 2007. 『貧困と學力』. 明石書店.

아이들의 생활환경이 급격히 나빠지고 있다. 특히 최근에 도시를 중심으로 심각한 빈곤이 아이들을 엄습하고 있다. 이 책은 그 참담한 상황을 전하면서 빈곤을 퇴치하는 교육 실천의 과제로 신뢰에 기반을 둔 관계 만들기를 제시한다.

제3장

Foucault, Michel, Graham Burchell, Colin Gordon and Peter Miller. 1991. *The Foucault Effect: Studies in Governmentality*. University of Chicago Press.

1970년대 후반의 미셸 푸코 사상을 중심으로 한 '통치성(governmentality)'을 주제로 삼은 학제적인 논문집이다. 사회적인 질서의 형성을 국가의 '행정(government)'보다 더 넓은 의미인 '통치성'의 관점에서 보면 리스크와 리스크 관리는 경제학이나 통계학이 아니라 권력론과 정치학의 대상이 된다. 이언 해킹의 「어떻게 통계학을 역사적으로 다룰 것인가?(how should we do the history of statistics)」, 프랑수아 에발트의 「보험과 리스크(Insurance and Risk)」, 로베르 카스텔의 「위험성에서 리스크로」의 세 논문이 '통치성'과 관련해서 리스크를 다룬다.

Petersen, Alan and Robin Bunton(eds.). 1997. *Foucault, Health and Medicine*. Routledge.

미셸 푸코의 연설 분석 기법에 의거한 의료사회학 논문집이다. 특히 사람을 살리면서 지배하는 권력인 생권력(生權力)에 관한 의론을 사회학에서의 '의료화'와 결부해 논한 점이 특징이다. 또 앤서니 기든스나 울리히 벡의 리스크론에 대한 미셸 푸코학파의 반론도 제시되어 있다[앨런 피터슨의 "리스크, 통치, 신공중위생(Risk, governance and the new public health)"].

Bunton, Robin, Sarah Nettleton and Roger Burrows. 1995. *The Sociology of Health Promotion: Critical Analysis of Consumption, Lifestyle and Risk*. Routledge.

영국의 의료사회학자들이 편찬한 책으로 현대사회의 건강정책 전개와 헬스 프로모션을 주제로 다룬 논문집이다. 영국의 상황에 대해서는 물론이고 헬스 프로모션의 국제적인 전개, 에이즈, 간접흡연, 사고 등에 대해서도 사회학적인 리스크 분석을 하고 있다. 리스크에 대한 사회학적인 견해(미셸 푸코, 앤서니 기든스, 울리히 벡, 페더스톤 등)와 더불어 헬스 프로모션의 경험과학적인 연구를 균형적으로 보여준다.

美馬達哉. 2012. 『リスク化された身體 現代醫學と統治のテクノロジー』. 靑土社.

리스크를 이용한 통치라는 관점에서 메타볼릭 신드롬, 인플루엔자, 의료 붕괴 등에 관한 것부터 동일본 대진재에 이르기까지 다양한 논쟁거리를 사회학적으로 분석하고 있다. 본서의 '리스크 의학'에 관한 의론을 더욱 발전시킨 저서이기도 하다.

제4장

Orwell, George. 1949. *Nineteen Eighty-four*. Secker & Warburg.
감시사회론의 고전이라고 할 수 있는 작품이다. 저자의 다른 책인『동물농장』과 더불어 스탈린의 소비에트연방을 염두에 두고 전체주의 국가의 디스토피아를 묘사했다. 24시간 내내 생활의 구석구석에 이르기까지 절대적인 권력에 의해 감시당하고 있는 행태의 비인간성을 묘사함으로써 그 정치적인 효과와는 별도로 나중에 이어진 감시사회론의 선두가 되었다.

Lyon, David. 2001. *Surveillance Society: Monitoring Everyday Life*. Open University Press.
저자의 다른 책인『9월 11일 이후의 감시(Surveillance after September 11)』와 함께 감시사회의 현재를 다룬 대표적인 책이다. 감시가 왜 필요하게 되었는지에 관한 문제의식부터 시작해 사회질서를 편성하는 방법이 이념 없는 리스크 관리로 환원되어가는 과정, 감시받는 측에서도 안전, 편리성 등의 이름으로 감시라는 사회적인 편성에 능동적으로 참여해가는 모습을 그린다.

Haggerty, Kevin and Richard Ericson(eds.). 2006. *Surveillance and Visibility*. University of Toronto Press.
감시사회에 관한 최신 연구 논문을 모은 논문집으로 관련 문제를 총람하는 데 편리하다. 경찰이나 군대에서의 감시 실태, 감시 카메라의 위협, 정보 자본주의하에서의 소비자에 대한 감시나 고객 관리, 쌍방향 TV가 가진 감시기능, 감시사회에 대한 각종 저항운동 등 미국을 중심으로 발생하는 감시를 둘러싼 새로운 동향이 각각의 전문가에 의해 이론적인 고찰로서 상세히 소개된다.

O'Harrow Jr., Robert. 2005. *No Place to Hide*. Free Press.

미국 개인정보산업의 실태를 생생하게 묘사한 책이다. 개인정보산업에 의한 프라이버시 침해는 물론 개인정보를 둘러싼 비즈니스의 실태, 정보 누설과 악용에 따라 발생하는 범죄와 리스크, 개인정보에 대한 의존을 높여가는 정부와 정보산업의 유착관계 등 정보산업을 둘러싼 사람들과 사회의 움직임을 생생하게 묘사하고 있다.

東浩紀. 2002~2003. 「情報自由論: データの權力, 暗號の倫理(全14回)」. ≪中央公論≫.

정보기술혁명과 개인의 자유의 관계를 날카롭고 선명하게 설명하고 있는 뛰어난 논문이다. 휴대전화나 인터넷 등 비근한 정보 기술과 자유와의 상관관계에서 시작해 개인정보의 보호에 관한 동향, 감시기술 발달, 9·11 테러와 안전의식의 고양, 글로벌화하는 통신 감청 시스템이 가지고 있는 위험성 등 정보화와 관련한 광범위한 문제 또는 주제를 확실한 이론적인 틀 속에서 다루면서 21세기형 권력의 구조까지 다룬 역작이다.

제5장

Lash, Scott, Bronislaw Szerszynski and Brian Wynne(eds.). 1996. *Risk, Environment and Modernity: Towards a New Ecology*. Sage.

울리히 벡과 앤서니 기든스의 '리스크 사회론'을 이어받아 1992년 랭커스터 대학에서 개최된 "리스크 사회: 모더니티와 환경"이라는 주제의 국제 심포지엄의 논문을 모은 논문집이다. 대표적인 논객들이 리스크 사회의 행방에 대해 폭넓은 관점으로 논하고 있다.

Giddens, Anthony. 1991. *The Consequences of Modernity.* Stanford University Press: Stanford CA.
'포스트 모더니티'가 아니라 '하이 모더니티(high-modernity)'의 시대로서 현대의 특징을 리스크와 신뢰를 키워드로 삼아 묘사한 책이다.

Luhmann, Niklas. 1973. *Vertrauen. Ein Mechanismus der Reduktion sozialer Komplexität 2.* Stuttgart: Ferdinand Enke Verlag.
사회시스템 이론의 관점에서 인격적인 신뢰와 시스템에 대한 신뢰에 대해 거시적인 것부터 미시적인 것에 이르기까지 분석한다. 이 책이 나온 시기는 30년도 더 지났지만 오늘날의 리스크와 신뢰의 관계를 고찰하는 데 많은 시사점을 준다.

松本三和夫. 2009. 『テクノサイエンス・リスクと社會學: 科學社會學の新たな展開』. 東京大學出版會.
후쿠시마 제1원전 사고 이전에 쓰인 책이다. 하지만 과학기술과 사회의 경계면에서 발생하는 문제의 구도 또는 제도 설계의 하자에 관한 책임을 파악할 경우 따라야 할 논리 등을 과학사회학의 최근 성과에 대한 비판적인 검토를 바탕으로 상술하고 있어 3·11 이후 오늘날을 위한 많은 시사점을 준다. 본서의 제5장 주제와 관련해서는 특히 '시민 참여'에 어떤 문제점이 내포되어 있는지를 지적한 것과 '입장 명시형 인터프리터(interpreter)'를 제안한 것 등이 중요하다.

長谷川公一. 2011. 『脱原子力社會の選擇 增補版』. 新曜社.
1996년 세상에 나온 이 책은 원전 사고를 겪은 당사자가 참조해야 할 사례 ─ 미 캘리포니아 주 란초세코(Rancho Seco) 원전에 대해 새크라멘토(Sacramento) 시민들이 어떻게 생각하고 있으며 어떠한 이유로 관련 선택을 했는지 ─ 를 필드워크에 따라 성심껏 기술한다. 이 책의 의론은 본서 제5장 말미에 나오는 '위해의 빈곤화'를 완화해야 한다는 지적과도 관련된다. 증보판에는 「후쿠시마 이후의 선택을 위해」라는 제목의 긴 글이 첨가되어 있다.

제6장

岡本浩一. 1992.『リスク心理學入門: ヒューマン・エラーとリスク・イメージ』. サイエンス社.
리스크 인지에 관한 초기 연구 성과를 접근하기 쉽게 정리해놓았다.

廣田すみれ・增田眞也・坂上貴之 編. 2006.『心理學が描くリスクの世界: 行動的意思決定入門(改訂版)』. 慶應義塾大學出版會.
심리학 교과서로 리스크 의사 결정에 관한 연구를 폭넓게 소개한다

吉川肇子. 2000.『リスクとつきあう: 危險な時代のコミュニケーション』. 有斐閣.
리스크 커뮤니케이션에 관해 본서에 요약된 것 이외의 연구 성과를 소개하고 있다.

中谷內一也. 2006.『リスクの 一モノサシ: 安全・安心生活はありうるか』. 日本放送出版協會.
리스크에 대한 심리학적인 연구 성과를 토대로 오늘의 화제를 해설하고 있어 연구와 현실을 연결하는 방법을 이해하는 데 큰 도움이 된다.

中谷內一也 編. 2012.『リスクの社會心理學: 人間の理解と信賴の構築に向けて』. 有斐閣.
사회심리학의 관점에서 리스크 연구 성과를 총람할 수 있다. 관련 연구의 역사와 최신 연구 동향이 폭넓게 정리되어 있다.

吉川肇子 編. 2012. 『リスク・コミュニケーション・トレーニング: ゲーミングによる體驗型研修のススメ』. ナカニシヤ出版.

리스크 커뮤니케이션의 실천에 관심이 있는 독자를 대상으로 사고 방법, 기술, 학습 방법 등을 소개한다.

찾아보기

■ 엮은이

이마다 다카도시(今田高俊)
도쿄대학(東京大學) 대학원 사회학연구과 박사과정 중퇴. 학술박사.
도쿄공업대학(東京工業大學) 대학원 사회이공학연구과 교수.
사회시스템론·사회계층론.

■ 지은이

야마다 마사히로(山田昌弘)
도쿄대학 대학원 사회학연구과 박사과정 단위 취득 후 퇴학.
추오대학(中央大學) 문하부 교수.
가족사회학.

사토 마나부(佐藤學)
도쿄대학 대학원 교육학연구과 박사과정 중퇴. 교육학박사.
가쿠슈인대학(學習院大學) 교수.
학교교육학.

미마 다츠야(美馬達哉)
교토대학(京都大學) 대학원 의학연구과 박사과정 수료. 의학박사.
교토대학 대학원 의학연구과 준교수.
의료사회학·뇌과학.

야마구치 세츠로(山口節郎)
도쿄대학 대학원 사회학연구과 박사과정 수료. 인간과학박사.
간사이대학(関西大學) 종합정보학부 교수 등 역임.
사회학.
2011년 사망.

고마츠 다케아키(小松丈晃)
도호쿠대학(東北大學) 대학원 문학연구과 박사과정 수료. 문학박사.
홋카이도(北海道)교육대학 준교수.
사회학.

기카와 도시코(吉川肇子)

　교토대학 대학원 문학연구과 박사과정 후기 단위 취득 후 퇴학. 문학박사.

　게이오기주쿠대학(慶應義塾大學) 상학부 교수.

　조직심리학.

■ **옮긴이**

백계문

　서울대학교 법과대학 졸업, 중앙대학교 대학원 교육학 전공.

　민주화운동가 정치활동가.

　저서『성공한 개혁가 룰라』(2011).

　역서『경제에서 본 리스크』(2014),『리스크학이란 무엇인가』(2014),『루쉰: 동아시아
　　에 살아 있는 문학』(2014),『한국정치와 시민사회: 김대중·노무현의 10년』(2013),
　　『중국 기업의 르네상스』(2013) 등.

한울아카데미 1923

리스크학 입문 4

사회생활에서 본 리스크

엮은이 ｜ 이마다 다카도시
지은이 ｜ 이마다 다카도시·야마다 마사히로·사토 마나부·미마 다츠야·야마구치 세츠로·
　　　　고마츠 다케아키·기카와 도시코
옮긴이 ｜ 백계문
펴낸이 ｜ 김종수
펴낸곳 ｜ 한울엠플러스(주)
편집책임 ｜ 김진경
편집 ｜ 김초록

초판 1쇄 인쇄 ｜ 2016년 10월 10일
초판 1쇄 발행 ｜ 2016년 10월 17일

주소 ｜ 10881 경기도 파주시 광인사길 153 한울시소빌딩 3층
전화 ｜ 031-955-0655
팩스 ｜ 031-955-0656
홈페이지 ｜ www.hanulmplus.kr
등록번호 ｜ 제406-2015-000143호

Printed in Korea.
ISBN 978-89-460-5923-8 93300

* 책값은 겉표지에 표시되어 있습니다.